NATALIA WÖRNER

Heimat Lust

Meine schwäbische Liebeserklärung

In Zusammenarbeit mit
Daniel Oliver Bachmann

RIEMANN VERLAG

Verlagsgruppe Random House FSC® N001967
Das für dieses Buch verwendete FSC®-zertifizierte Papier
Amber Grafic liefert Arctic Paper Munkedals AB, Schweden.

1. Auflage
Originalausgabe
© 2015 Riemann Verlag, München,
in der Verlagsgruppe Random House GmbH
Lektorat: Ute Heek
Umschlaggestaltung: herzblut 02 GmbH, Martina Baldauf,
unter Verwendung eines Fotos von © Christian Schoppe
Bildredaktion: Tanja Zielezniak
Satz: EDV-Fotosatz Huber/Verlagsservice G. Pfeifer, Germering
nach einem Entwurf von herzblut 02 GmbH, Martina Baldauf
Druck und Bindung: Mohn Media GmbH, Gütersloh
Printed in Germany
ISBN 978-3-570-50187-0

www.riemann-verlag.de

DIESES BUCH WIDME ICH
MEINEM SOHN JACOB
UND MEINEN ELTERN
SUSANNE UND NORBERT

ICH WILL WISSEN,
WONACH DU DICH SO SEHR SEHNST,
DASS ES DIR WEHTUT.

ICH WILL WISSEN, WAS DICH IN DEINEM INNEREN HÄLT,
WENN ALLES ANDERE WEGBRICHT.

Peter Bearwalks Alvares

HOME IS NOT A TANGIBLE PLACE.
HOME IS NOT AN APARTMENT OR HOUSE WITH
A COMFORTABLE COUCH AND TELEVISION AND
REFRIGERATOR THAT IS FILLED WITH FOOD AND A
DWELLING ONE IS SAFE IN.

THIS DOES NOT EXIST.
THIS KIND OF SAFETY DOES NOT EXIST. IT MAY EXIST
FOR SOME BUT SHORT AMOUNT OF TIME
BUT NOT FOREVER.

HOME IS INSIDE YOU.
HOME IS KNOWING WHO YOU ARE.

HOME IS THE DOME THAT HOVERS OVER YOU AND THE
PEOPLE YOU LOVE AND WHO LOVE YOU BACK.

John Lurie

INHALTSVERZEICHNIS

PROLOG	10
DIE SAUERBRUNNENSTADT	14
DAS VIER-GENERATIONEN-FÜNF-FRAUEN-HAUS	20
DIE FRAU AUS KIEW	26
AUF DEM RÜCKEN DER PFERDE	42
GRENZEN ÜBERWINDEN	52
DER KLANG VON HEIMAT	66
DER KINDERHIMMEL	76
MATAS PUPPEN	84
DIE BLEIERNE ZEIT	102
DIE HEIMAT LIEBEN UND VERLASSEN	112
DIE STADT DER LIEBE	120
DER GROSSE APFEL	130
STRANGER THAN PARADISE	138
BEGEGNUNG IM AUFZUG	144

IM WESTEN STEHEN DIE FEINDE DICHT	156
UM DIE 30	168
UND... ACTION!	176
IN ALLER FREUNDSCHAFT	186
HAIE UND WÖLFE	198
DIE WELLE	206
HILFE ZUR SELBSTHILFE	212
FÜR DIE KINDER	220
DIE KIRCHE BLEIBT IM DORF	226
IN DIPLOMATISCHER MISSION	234
DIE KIRCHE BLEIBT ZWAR IM DORF, DOCH SIE ÖFFNET SICH	242
EPILOG	246
DANKSAGUNG	249

PROLOG

Heimat ist der Ort, den man mit eigenen
guten Geschichten besetzt hat.

Giovanni di Lorenzo

Zwischen Heimatfrust und Heimatlust liegen drei Buchstaben und 30 Jahre. Im Alter von 18 verließ ich meinen Geburtsort Bad Cannstatt, ältester Stadtbezirk Stuttgarts, der Hauptstadt von Baden-Württemberg, wo alle schwäbisch schwätzen, clever sind und geizig, wie viele Leute glauben. Es war Zeit zu gehen, denn Heimat fühlte sich eng an: nach den Folgen der Selbstmorde der RAF im Hochsicherheitsgefängnis Stammheim und den Nachwehen um einen Exministerpräsidenten Hans Filbinger, der noch immer seine Nazivergangenheit leugnete. Die Amerikaner versteckten ihre Atomraketen vom Typ Pershing II in schwäbischen Wäldern, und Hunderttausende gingen dagegen auf die Straße, bildeten Menschenketten, die von Stuttgart nach Ulm reichten, denn sie hatten eine andere Vorstellung von Friedenspolitik, doch vergebens. Auch an Stuttgarts Schulen brodelte es. Alle Jahre wieder legte man mir nahe zu gehen, oder ich ging von selbst. Heimat war eine öde Welt, die sich eingekapselt hatte, und nichts deutete darauf hin, dass sich jemals etwas ändern sollte.

Dabei hatte ich von meiner Familie gelernt, welch gefährdetes Gut Heimat ist, zerbrechlich wie ein rohes Ei, im Handumdrehen in eine Trümmerwüste verwandelt. Die Heimat des einen ist das Feindesland des anderen, darin sah ich keinen Sinn. Mein Blick ging vom Großen aufs Kleine. Wir im Süden hatten über Hunderte von Jahren unseren Nachbarn drüben Frankreich gefürchtet und diese uns; daraus war Krieg um Krieg entstanden, in denen die eigene Scholle verteidigt werden musste, der Glaube und der Nationalstolz. Der Feind überm Rhein, die Wacht am Rhein, alles im Namen der Heimat. Wo war der Unterschied, wenn wir Cannstatter gegen die aus Zuffenhausen pöbelten, weil die einen katholisch, die anderen protestantisch waren? Sich einzubilden, eine Heimat zu besitzen, verführt zum Irrtum, lautete meine Rede. Aus dieser engen Welt wollte ich mich hinauskatapultieren, wollte mein Leben gestalten, nicht verwalten, zwar ohne Plan und Ziel, doch mit Neugier und Abenteuerlust. Lässt man seinen Füßen freien Lauf, kann alles passieren. Und diese Füße wollten weg, weit, weit weg. So geschah es auch: Ich fand Arbeit in Europa, Amerika, Asien, bezog Wohnungen in Paris, New York, Hamburg, Berlin. 30 Jahre lang war ich unterwegs, und sagte sich doch Heimweh an, trat ich dem Gefühl entschlossen entgegen. Das ist nur die Brücke von irgendwo nach nirgendwo – das Leben taugt dem Nomaden, nicht dem Sesshaften.

Dann klingelte das Telefon. Die Regisseurin Ulrike Grote war dran. Ulrike ist zwar in Bremen geboren, war aber bald mit ihren Eltern in die Goldstadt Pforzheim gezogen. Sie ist eine dieser »Kandelschwaben«, wie wir die Leute nennen, die auf der ehemaligen Grenzlinie zwischen Württemberg und Baden zu Hause sind. Ein Multitalent: Regisseurin, Schauspielerin, Drehbuchautorin. Sie gewann den Studenten-Oskar für ihren Film »Der Ausreißer«. Zwei Jahre zuvor hatten wir gemeinsam in meiner Krimireihe »Unter anderen Umständen« die Folge »Böse Mädchen« gedreht. Ulrike spielte die Mörderin, die ihre Töchter vor einem übergriffigen Vater schützt. Das war harter Tobak, und so saßen wir abends am Filmset, schwätzten schwäbisch und hatten große Lust nach einem humorvollen Ausgleich. Wir waren uns einig, in unserem Landstrich fehlte eigentlich nur eines. Der Beweis, dass wir Schwaben auch Komödie können. Und nicht in den Keller steigen, um zu lachen. Dann hörte ich eine Weile nichts mehr von ihr. Jetzt sagte sie: »Das Drehbuch ist fertig.« Eine Komödie, wie ange-

kündigt. Eine ganz besondere Komödie. Die ganz und gar in unserer Heimat spielen soll, von unserer Heimat erzählen wird, geradezu verwurzelt war mit unserer Heimat. Programmatisch war schon der Titel:»Die Kirche bleibt im Dorf.«
»*Ond? Bisch dabei?*«, fragte Ulrike. Natürlich sagte ich zu. Was eine Entscheidung mit Folgen war. Eine davon ist, dass ich hier sitze und schreibe. Um Ihnen zu erzählen, wie nach 30 Jahren aus Heimatfrust Heimatlust wurde.

Ausgerechnet eine Kirche, die im Dorf bleiben sollte, sorgte für die Wandlung. Doch da sind wir schon mittendrin in der Geschichte …

DIE SAUERBRUNNEN-STADT

Heimat ist unsere Sprache und ein Kulturkreis,
in dem ich mich verstanden fühle.

Frank-Walter Steinmeier

Ich kam an einem Donnerstag zur Welt, am 7. September 1967, in der Sankt-Anna-Klinik von Bad Cannstatt, der alten württembergischen Sauerbrunnenstadt mit ihren 19 Mineralquellen, in denen schon die Römer badeten. Vor den Resten der Stadtmauer floss der Neckar, in dem meine Großmutter Johanna in jungen Jahren gerne geschwommen war. Flussaufwärts bei Untertürkheim sprang sie ins Wasser und kraulte mit kräftigen Zügen zurück. Damals, so erzählte sie mir später, kam es ihr vor, als könnte man inmitten von Auen und kleinen Flussinseln noch die Reime von Schiller, Hölderlin und Schubart vernehmen, die den Fluss auf ihre Weise besungen haben. Anders als Donau und Rhein, die meine Heimat stets mit dem fernen Meer vor Augen durcheilen, nimmt sich der Neckar Zeit. Er schlängelt sich durchs Land, lässt bis hinab zu seinen Ufern vollmundige Weine gedeihen, gibt stolzen Städten einen Namen: Rottweil am Neckar, Horb am Neckar, Rottenburg am Neckar, Tübingen am Neckar, Cannstatt am Neckar, Marbach am Neckar, Heidelberg am Neckar. Nur Stuttgart liegt nicht am Neckar. Stuttgart liegt am Nesenbach, einem seichten Rinnsal, das man vor lauter schlechtem Gewissen vergraben hat. *Verbuddelt*, wie man hierzulande sagt, denn das tut man gerne. Über vieles, was nicht ansehnlich ist, zumindest in den Augen der Leute, die das Sagen haben, wird Erde gehäuft. Egal, ob es sich um politische Skandale oder Bahnhöfe handelt.

Der Nesenbach entspringt den Honigwiesen in Vaihingen, aber das war's dann auch schon mit der Herrlichkeit. Die restlichen 13 Kilometer seines Lebens verbringt die ehemalige Lebensader Stuttgarts in unterirdischen Rohren und mündet von dort direkt in die Kläranlage von Mühlhausen. Wir in Cannstatt beobachteten dieses *Verbuddeln* stets voller Misstrauen.

Verena und Natalia in Bad Cannstatt, 1967

1905 wurden wir eingemeindet, doch in den Augen vieler hätte es anders herum sein müssen. Schließlich wurde Cannstatt bereits im Jahr 700 urkundlich erwähnt, da tat sich auf der anderen Seite des Neckars noch lange nichts. Erst 200 Jahre später gründete Herzog Liudolf von Schwaben im sumpfigen Talkessel eine Pferdezucht, den *Stuotengarten*, das spätere Stuttgart. Auch sonst hatte man in Cannstatt die Nase vorn. Im 18. und 19. Jahrhundert stieg man zu einem der beliebtesten Kurorte Europas auf, in dem es sich russische Fürsten, amerikanische Wirtschaftsbosse, französische Dichter und englische Lords gut gehen ließen. In den Privatschulen tummelten sich damals schon Kinder aus 20 Nationen, während draußen Württembergs erste Eisenbahn verkehrte und sich das Antlitz der Erde änderte, als Gottlieb Daimler das Auto erfand. Der geniale Konstrukteur fuhr mit dem ersten Motorrad der Welt durch mein *Städtle* und mit dem ersten Motorboot über den Neckar. Die weltweit erste motorisierte Straßenbahn verkehrte zwischen dem Kursaal und dem Wilhelmsplatz, gleich um die Ecke meines Geburtshauses, und wem das alles nicht genügte, für den erhob sich eines der weltweit ersten Luftschiffe vom Cannstatter Seelberg hoch in die Lüfte. Da war das ehemalige Pferdegestüt Stuttgart längst Residenz geworden, und damit wichtig. Das hatte ein Herzog namens Eberhard im Bart eingefädelt, zu dessen Hochzeit mit Barbara Gonzaga von Mantua 14.000 Gäste gekommen waren, die aßen und tranken, als ob es kein Morgen gäbe. So viel dazu, dass Schwaben knausrig sind. Gibt es etwas zu feiern, drehen wir den Cent nicht um.

So wurde ich in einen geschichtsträchtigen Ort hineingeworfen, der mir Tradition und Heimatgefühl für ein Leben umgeben von alten Mauern hätte schenken können. Doch da war noch meine Familie, zusammengewürfelt aus aller Herren Länder, vom Schicksal gebeutelt, doch immer mutig und tollkühn, um sich nicht unterkriegen zu lassen. Später wurde mir klar, wie sehr sie dem Land ähnelt. Dieses Baden-Württemberg, das stets ein Durchzugsland gewesen ist, ein *melting pot* würden die Amerikaner sagen, ein *Gaisburger Marsch* die Schwaben. Daher ist auf diesem Boden nichts lachhafter als Fremdenhass. Schlägt man das große Buch der schwäbischen Geschichte auf, gefiel es hier den Kelten, den Römern, den Alemannen, den Staufern und Zähringern, den Habsburgern und Franken. Italienische Gastarbeiter kamen bereits im 18. Jahrhundert über die Alpen, und auch sie hinterließen mehr als Schlösser und Eisenbahnviadukte. Auch die Schwaben selbst zog es hinaus in die Welt: die Donauschwaben bis ins Banat, die Schwarzwälder Uhrenträger durch ganz Europa. Wer nach Schwabens Grenzen sucht, wird keine finden, denn seine Dialekte spricht man in Württemberg, Baden, Bayern, dem Elsass, der Schweiz, in Liechtenstein, am Vorarlberg bis nach Tirol. Deshalb tat man sich hier schwer, so etwas wie ein Land zu gründen. Preußen und Österreich waren längst Superstaaten in Europa, als das heutige Baden-Württemberg noch immer ein Flickenteppich aus Miniländern, Reichsstädten und Klosterbesitzungen war. Wollte man von Schiltach im Schwarzwald am Fluss Kinzig entlang nach Kehl reisen, eine Strecke von 70 Kilometern, durchquerte man die stattliche Anzahl von acht verschiedenen Ländern: Schiltach war württembergisch, das zehn Kilometer entfernte Wolfach gehörte bereits zum Hause Fürstenberg. Als Nächstes kam der Reisende in die Herrschaft Geroldseck, dann durch die Reichsstadt Zell am Harmesbach, anschließend durch die Reichsstadt Gengenbach. Dann betrat er die österreichische Landvogtei Ortenau, während kurz vor der Mündung in den Rhein das Örtchen Willstädt hanauisch war. Kehl wiederum war badisch. Zwischen all den Regentschaften gab es Grenzen, Zölle, Aus- und Einfuhrbestimmungen. Wie fühlte sich Heimat an, wenn man gleich hinter der eigenen Stadtmauer Ausland betrat? Mit dieser Historie in den Genen entwickelt man keinen überbordenden Nationalstolz.

DAS VIER-GENERATIONEN-FÜNF-FRAUEN-HAUS

Meine Heimat hab ich früh gelernt mitzunehmen.
Den Schatz meiner Herkunft in mir zu speichern als
Tankstelle bei notwendigen Infusionen, um in der
Fremde das aufkommende Fremdsein zu beruhigen.
Es sind Bilder, Gerüche, Klänge aus der Kindheit, die
nach wie vor meine Seele nähren: Ein leicht gewellter,
tiefgrüner Bergsee, der hämmernde Frühlingsbotenruf
des Spechts, das nach Honig duftende Löwenzahnmeer
hilft im Alltagsdschungel immer.

Herbert Knaup

Meine ersten Kindheitserinnerungen spielen nicht rund um das Schloss Rosenstein oder den Tierpark Wilhelma, auch nicht um die Weinberge oder den Neckar – wenn ich tief in meinem Gedächtnis stöbere, sehe ich eine Strandbar in Spanien. Davor ein weiter Platz, sonnenbeschienen und menschenleer. Es muss in Palamós gewesen sein, damals der Sehnsuchtsort meiner Eltern. Ich war knapp drei Jahre alt, saß neben meiner Schwester Verena, mein Blick schweifte umher, und da sah ich ihn: Ein Papagei hockte oben im Gebälk der Bar. Er hatte ein grünes Gefieder mit gelben Streifen und schaute direkt zu mir herab. Dann sagte er: »Wer hat von meinem Bier getrunken?« Ich erinnere mich, wie aufgeregt ich wurde. Schon wiederholte er: »Wer hat von meinem Bier getrunken?«, und erst jetzt merkte ich, es war gar nicht der Vogel, der da sprach, sondern mein Vater, mit verstellter Stimme in perfektem Papageisch: »Wer hat von meinem Bier getrunken?« »Ich!«, antwortete ich laut und deutlich. »Ich war's!«

Bis zu diesem Zeitpunkt hatte man selten etwas von mir gehört. Ich sprach wenig, und wenn ich es doch tat, klang es leise und verhalten. Doch in diesem Moment kam mein »Ich« klar und mit Verve. War es ein Vorbote auf das, was kommen sollte? Ich würde noch viel »Ich« benötigen, um in einem Haushalt, in dem das Matriarchat herrschte, wahrgenommen zu werden. Bald schon sollte ein Kater namens Charlie der einzige männliche Mitbewohner sein.

Damals, in Andalusien, zelebrierten meine Eltern noch Gemeinsamkeit, obwohl ihre flammende Liebe bereits am Erlöschen war und die Trennung unausweichlich. Sie hatten sich wenige Jahre davor an der Technischen Hochschule Stuttgart kennengelernt, wo beide Architektur studierten. Es war im Jahr 1961 gewesen, in der Zeit, als eine der dreistesten Lügen der deutschen Geschichte kursierte:»Niemand hat die Absicht, eine Mauer zu errichten«, hatte der Staatsratsvorsitzende der DDR, Walter Ulbricht, auf die Frage der Journalistin Annamarie Doherr geantwortet. Zwei Monate später war die Täuschung enttarnt worden, mit direkten Folgen für das Leben meines Vaters. Ein Jahr zuvor hatte man ihn zur Bundeswehr einberufen, die es gerade mal fünf Jahre gab. Der deutschen Wiederbewaffnung waren enorme innenpolitische Auseinandersetzungen vorausgegangen, doch die kommunistische Gefahr aus dem Osten schien Kanzler Konrad Adenauer groß genug, um die Sache durchzusetzen. Mit den ersten 101 freiwilligen Bundeswehrsoldaten, die am 12. November 1955 vereidigt wurden, ließ sich die Heimat allerdings nicht verteidigen. Rasch wurden ganze Jahrgänge eingezogen, darunter der meines Vaters. Damit war es aber nicht getan: Als Ulbricht die Mauer errichten ließ und am Berliner Checkpoint Charlie Kampfpanzer der amerikanischen und sowjetischen Armee aufeinander zurollten, wurden diese Jahrgänge»zwangsweiterverpflichtet«. Ein Wort, das es nur in der deutschen Sprache geben kann. Zwangsweiterverpflichtung. In der Konfrontation des Kalten Krieges war sie noch das kleinste Opfer, das ein Mann für seine Heimat bringen konnte. Genauso hätte er das auch gesehen, erklärte mir mein Vater später.»Die Wehrdienstverweigerung war ein Kanon der Lügen. Das fand ich völlig schäbig.«

So wurde er von heute auf morgen vom Artilleristen zum Fallschirmjäger umfunktioniert, spezialisiert auf Gefangenenverhöre, und nach Altenstadt bei Schongau abkommandiert, in den Wahlkreis des späteren bayerischen Ministerpräsidenten

Franz Josef Strauß. Dabei war er längst an der Technischen Universität eingeschrieben und sollte sich eigentlich mit Städtebau statt Städtezerstörung beschäftigen.

»Am Ende sorgte die Uni dafür, dass ich aus der Bundeswehr rauskam«, erzählte er. »Wie genau sie das angestellt haben, weiß ich nicht. Doch gab es auch Kräfte, die gegen ein Deutschland unter Waffen waren.«

Damit geschah, was niemals geschehen wäre, hätten sich die Militärs durchgesetzt. »Am ersten Tag an der Uni stand ich vor einer Tafel«, erinnerte sich mein Vater. »Dahinter sah ich zwei Füße. Ich habe gleich gewusst, wem die gehörten. Diese Füße hatte ich in Cannstatt gesehen, in der König-Karl-Straße, immer in Bewegung, immer eilig. Es waren die deiner Mutter.«

Füße, die den freien Lauf suchten, Füße, die wegwollten. Die wurden dann an mich vererbt, doch davon war jetzt noch keine Rede. Erst kam es zu einer heißen Romanze mitten im Kalten Krieg, zu Flammen, die aufloderten und alles in Licht tauchten, sogar eine gemeinsame Zukunft. Ein paar Monate später folgte die Hochzeit, weil sich meine Schwester Verena ankündigte. Dass meine Mutter anschließend durchs Vordiplom rasselte, hatte mit anderen Dingen zu tun. Sie lag mit einem Assistenten der Universität über Fragen der Baukonstruktion im Streit, und das war seine Art, ihr zu zeigen, wo *d' Barthel d' Moschd holt,* wie man so etwas im Schwäbischen sagt. Auch ein Erbe, das ich in die Wiege gelegt bekam. Nie klein beizugeben, wenn es um die Sache geht, auch wenn die Konsequenzen bedeutend sind.

Als meine Mutter mit mir aus Sankt-Anna entlassen wurde, kehrte sie in die Kreuznacher Straße zurück, was seit Langem und bis heute der Wohnsitz unserer Familie ist. Um die Ecke lag der Cannstatter Kurpark, der sich zwischen Daimlerstraße und Banatstraße erstreckt. In meiner Kindheit war mir natürlich nicht bewusst, welch ein Privileg es in der Großstadt bedeutet, einen viele Quadratkilometer großen Park direkt vor der Haustür zu haben. Lange Jahre war er mein Abenteuerspielplatz, den ich als Anführerin meiner Bande von Nachbarskindern tagtäglich durchstreifte. Unser Hauptquartier war eine Höhle hinter Thermalbad und Kursaal, mitten im Park gelegen. Von dort war man in wenigen Schritten bei der Konzertmuschel, eine der wenigen, die noch ganz aus Holz gebaut ist. Sonntagmittags fanden hier Jazzkonzerte statt. Ich pilgerte mit meinem Vater hin und genoss die Zeit, die wir miteinander verbringen konnten. Da hatte sich die Trennung meiner Eltern bereits vollzogen, Vater war ausgezogen, hatte auf der anderen Seite des Kurparks eine Wohnung gefunden, wo sich auch sein Architekturbüro befand. Er war weder aus den Augen noch aus dem Sinn, denn offenbar war die Anziehungskraft der Familie groß genug, um ihn nicht in die Welt zu entlassen. Das kam ein paar Jahre später, als er die alte Heimat verließ, Cannstatt, Stuttgart, Baden-Württemberg, um an anderen Orten sein Glück zu finden.

So wurde das Haus meiner Kindheit und Jugend zum Haus der Frauen, bar aller männlichen Mitbewohner, sieht man von dem Kater Charlie ab, der kastriert nicht mehr zum Machotum taugte. Ich wuchs also im Matriarchat auf, in einem Reich der Frauen, voller weiblicher Werte, weiblichen Glücks und weiblicher Ängste. Einige Jahre lang erlebte ich diese besondere Lebensform sogar im Viergenerationenhaus. Unten im Erdgeschoss residierte Uroma Moni, einen Stock darüber Großmutter Mata, Monis Schwiegertochter, zusammen mit meiner Mutter und uns beiden Schwestern. Das Sagen hatte Uroma Moni. Sie war die Königin des Hauses, bis ich mit zunehmendem Alter ihre Alleinherrschaft anfocht. Ohne es zu ahnen, stachelte sie mich dazu an, weil sie das Potenzial in mir spürte, Grenzen zu überschreiten. Das wollte sie fördern, auf ihre Weise, indem sie mich herausforderte. So hatte sie selbst gelernt zu leben: sich allen Aufgaben mit Hurra zu stellen. Und von denen hatte es für sie genug gegeben.

DIE FRAU AUS KIEW

Heimat bedeutet für mich Freundschaft
und ein schönes Zuhause.
Dieses Zuhause ist in meinem Herz.

Jacob Lee Seeliger, neun Jahre

Mein Auftritt im ZDF-Dreiteiler »Tannbach« ist kurz: Zum Ende des Zweiten Weltkriegs rücken Amerikaner ins Dorf Tannbach ein, dessen Name frei erfunden ist, doch an ein reales Vorbild angelehnt wurde, dem Ort Mödlareuth zwischen Bayern und Thüringen. Die Gemeinde wurde 41 Jahre durch die innerdeutsche Grenze geteilt, was ihr den Namen »Little Berlin« eintrug. In »Tannbach« spiele ich die Gräfin Caroline von Striesow, deren Mann Georg an der Front desertiert ist und sich verborgen hält. Als das rauskommt, weigere ich mich, sein Versteck preiszugeben, worauf mich ein noch immer vom Endsieg überzeugter Nazi hinrichten lässt.

Nach meinem Filmtod wird erzählt, was in Geschichtsbüchern lückenhaft abgedeckt ist. Die Amerikaner ziehen ab, dafür kommen Russen. Sie vergewaltigen Frauen, erschießen Einwohner, etablieren ihr politisches System. Dann wechseln auf beiden Seiten der neuen Grenze Altnazis flugs die Uniform, schlüpfen nahtlos in neue Ämter. Bei der Aktion »Ungeziefer« werden Menschen ohne Rücksicht zwangsumgesiedelt, Familien auseinandergerissen. Von einem menschlichen Sozialismus, auf den nach dem Sündenfall des Tausendjährigen Reiches viele ihre Hoffnung setzten, ist nichts zu spüren. In diesem Film geht es um Schuld, Sühne und Heimat, drei Begriffe, die nicht voneinander zu trennen sind. Die Heimat der Menschen von Tannbach wird durch die Grenze zwischen den deutschen Staaten geteilt: Auf der einen Seite herrscht von nun an der Kommunismus, auf der anderen Seite der Kapitalismus, hier Ostblock, dort Westen. Selten ist ein Heimatkonflikt eindringlicher gezeigt worden und die Hilflosigkeit derer, mit diesem Schicksal fertig zu werden. Für mich war es nicht leicht, die Rolle der Gräfin an der Seite von Heiner Lauterbach als Georg zu spielen, da eine persönliche Erinnerung geweckt wurde. Auch der Vater meiner Mutter hieß Georg. Er fiel zum Ende des Zweiten Weltkriegs auf rätselhafte Art und Weise, und Gerüchte und Wahrheit vermischten sich in den Erzählungen über ihn. Wahrscheinlich wurde er von rumänischen Widerstandskämpfern getötet, doch niemand weiß Genaues. Damit setzte ich mich während der Dreharbeiten auseinander und gleichzeitig mit der Frage, was Heimat an dieser willkürlich gezogenen deutsch-deutschen Grenze bedeutete.

In Mödlareuth und anderen Orten nahe der Mauer und des Todesstreifens prallten zwei verschiedene Lebensentwürfe aufeinander. Mir fiel eine Geschichte ein, die sich im Mittleren Schwarzwald zugetragen haben soll. Lange Zeit gehörte dieser Landstrich zu Österreich, wurde dann von Napoleon dem Königreich Württemberg zugeschlagen und kam nach einem Gebietstausch zum Herzogtum Baden. In einem Bauernhaus auf der wechselvollen Grenze änderte sich dadurch von Generation zu Generation die Konfession. Mal war man katholisch, mal evangelisch, dann wieder katholisch. Wenn Heimat nicht nur bedeutet, an einem Ort zu leben, sondern die Möglichkeit bietet, diesen zu gestalten, wirft Mödlareuth und der Schwarzwaldhof die Frage auf, welchen Einfluss wir überhaupt nehmen.

Ich erinnerte mich an die Erzählungen von Uroma Moni, die Ähnliches 2000 Kilometer weiter östlich in Kiew erlebte. Oder sollte ich Kyjiw schreiben, wie es in der Ukraine üblich ist, oder die russische Schreibweise Kijew verwenden, schließlich gilt diese Stadt seit der Zeit der Kiewer Rus als Mutter aller russischen Städte? Manche, die über Kiew berichten, ziehen die polnische Orthografie vor, weil die Stadt am Dnjepr im

Mittelalter das Zentrum des Vielvölkerstaates Polen-Litauen war, in dem eine außergewöhnliche Religionsfreiheit herrschte, der viele noch heute nachtrauern. Heimatgefühl beginnt damit, welcher Sprache wir uns bedienen. Für Uroma Moni war das eine zentrale Frage: Ihr Vater, ein bedeutender Kaufmann namens Kommerell aus Tübingen, war 1879 mit seiner Frau nach Kiew ausgewandert. Dort gründeten sie einen großbürgerlichen russisch-schwäbischen Haushalt, in dem die Sprache stets Stimmungen unterworfen war.

Ähnliches sollte ich Jahrzehnte später selbst erleben. Stritt sich meine Großmutter mit meiner Mutter, wechselten die beiden vom Deutschen ins Französische, schließlich sollten meine Schwester und ich nicht mitkriegen, welche Laus ihnen über die Leber gelaufen war. So wurde Französisch für mich zur Sprache des Streits. Erst in der Zeit, als ich selbst in Paris lebte, lernte ich sie auch als Sprache der Liebe kennen.

In Kiew begann Moni mit der Arbeit an einem kulinarisch-sinnlichen Kochbuch, das zum Schrecken ihrer Nachkommen werden sollte. Niemand von uns verstand es, ihre blumigen Andeutungen uralter Kochrezepte in handfeste Anweisungen umzudeuten. Russische und deutsche Worte wechselten sich munter ab, bei den Mengenangaben war abwechselnd von Gramm und Kilos die Rede, dann wieder von Pud und Berkowitz.

Als Moni Cannstatt längst zu ihrer neuen Heimat auserkoren hatte, wanderte das Kochbuch von einem Regal zum anderen, wurde immer wieder hervorgekramt und kopfschüttelnd zurückgestellt, bis es irgendwann auf geheimnisvolle Weise verschwand, und damit die Erinnerung an eine Heimat, die keiner von uns kannte. Wie Moni nach Deutschland gekommen war, darüber sprach sie nur ungern. Ihre älteren Schwestern Klara und Susanne hatten Ukrainer geheiratet, was sie unter Stalins Diktatur verdächtig machte. Zusammen mit dem Vater wurden sie 1915 nach Sibirien verschleppt, wo sich die Spur der Frauen verlor. Der Vater kam drei Jahre später durch einen glücklichen Umstand frei und floh mit Moni in den Westen. Zunächst verschlug es die beiden nach Friedrichshafen am Bodensee, damals schon eine bedeutende Industriestadt mit dem Luftschiffbau von Ferdinand von Zeppelin, der Luftfahrzeug-Motorenfabrik von Wilhelm Maybachs ältestem Sohn Karl, der Zahnradfabrik und den Dornier-Werken. Hier hatte Moni keinesfalls vor, das Leben einer Dulderin zu führen. Ihren langen Zopf schnitt sie ab, noch bevor sie ihren Mann kennenlernte, der den Namen Felix trug, ihm jedoch wenig Ehre zu machen verstand, da er alles andere als »vom Glück begünstigt« war.

Irgendwann kamen Kinder, zwei Söhne, die man Georg und Julius taufte. Da lebte die Familie bereits in Stuttgart. Felix war langweilig, hockte gerne am Ofen, was sich Moni nicht allzu lange ansah. Bald ging sie mit einem anderen Mann aus, der etliche Jahre älter war, noch zu Hause bei seiner Mutter lebte, den Beruf eines Bankangestellten ausübte, doch am liebsten über Literatur und Musik dozierte. »Ein echter Hagestolz«, erzählte Uroma später mit verschmitztem Lächeln auf dem Gesicht. Ich musste den Ausdruck erst nachschlagen. Ein Hagestolz taucht in Goethes »Faust« auf, wo es heißt: »Der Hagestolz ist schwerlich zu bekehren«, wenn es um Frauen und Liebe geht und die Fesseln, die durch den heiligen Bund der Ehe entstehen. Vermutlich weil er weiß, dass er nie genug

Geld mit nach Hause bringen wird, um die Anvertraute glücklich zu machen. Von diesem Mangel stammt der Ausdruck ab. Mit einer Hag – das kann eine Hecke oder ein niedriger Zaun sein – umgibt man im schwäbischen Sprachraum sein *Gütle*. Die Silbe »stolz« leitet sich von einem germanischen Wort für »besitzen« ab. Er hat also wenig irdische Besitztümer, der Hagestolz. Ein sumpfiges Wieslein vielleicht, ein Stückchen Wald mit toten Hölzern. Damit lässt sich keine Familie ernähren, darum bleibt er, was er ist: ein Junggeselle. Später verschob sich die Begrifflichkeit und bezeichnete Männer, die zwar nicht mittellos waren, aber am liebsten bei Mama wohnen blieben. So einer war Monis neue Liebe. Ihre Beziehung war ein gordischer Liebesknoten, die so alt sind wie die Menschheit selbst, und er verdüsterte Monis Gemüt. Sie bat den »Lieben Gott« um Beistand, doch der hatte anderes zu tun. So entschied sie, Georg und Julius zurückzulassen, ließ sich von Felix scheiden, doch sie litt von nun an unter ihrer Entscheidung bis zum Ende ihrer Tage. Beide Söhne fielen im Zweiten Weltkrieg, was Moni als Strafe Gottes interpretierte.

Den Hagestolz eiste sie von der Mutter los und lebte mit ihm zusammen, bis er Anfang der 1950er-Jahre starb und sie arm wie eine Kirchenmaus zurückließ. Zum Glück besaß Moni eine weit entfernte Tante, die ein Haus in Cannstatt hatte, Kreuznacher Straße, nahe dem Kurpark. Dort kam sie unter. Lange Jahre teilte sie sich eine Wohnung mit einer Frau namens Laschinski, zu deren Aufgabe es wurde, Uroma die Neuigkeiten aus der Welt zuzutragen. Irgendwann überschrieb die Tante Moni das Haus, wo sie nun saß und an ihre verstorbenen Söhne dachte. Vor allem an Georg. Der war als Kind zum kleinen Revoluzzer geworden, weshalb Felix ihn ins Internat steckte. Das sollte der Gesellschaft draußen evangelische Pfarrer liefern, daher bläute man Georg an diesem Ort Griechisch und Latein ein. Als es ihm nach dem Schulabschluss nicht einmal im Traum einfiel, Pfarrer zu werden, forderte das Internat sämtliche Ausbildungs- und Lebenskosten zurück. Die Drohung sollte ihn gefügig machen, doch das Gegenteil war der Fall, denn mein Opa, den ich selbst leider nie kennenlernen durfte, zeigte die Art von Dickköpfigkeit, die in unserer Familie immer dann auftritt, wenn wir von der Richtigkeit unseres Tuns überzeugt sind. Georg hatte sich die Juristerei in den Kopf gesetzt, und wie man ihn beschrieben hat, wäre er sicher ein hervorragender Anwalt geworden. Doch es kam der Zweite Weltkrieg, und der verheizte ein weiteres hoffnungsvolles Leben.

Für Moni war klar, dass Gott ihren Ehebruch bestrafte. An so etwas zerbrechen die einen, andere wachsen daran. Uroma tat beides: Über den Tod der Söhne kam sie zwar nie hinweg, gleichzeitig bewahrte sie sich aber ihre aufrechte Haltung. Stets ließ sie Worten Taten folgen, was mir manches gruselige Erlebnis bescherte. Dazu gehörte ihre panische Angst vor Katzen. Immer wieder erzählte sie von dem alten Haus in Kiew, wo ein dunkler Verbindungsgang ein beliebtes Versteck zahlreicher Katzen gewesen sein musste. Zwei-, dreimal am Tag ging sie dort durch, um Besorgungen zu erledigen, und jedes Mal ließen sich Katzen auf sie fallen, verfingen sich in ihren Haaren, rissen mit scharfen Krallen blutige Risse in die Haut. Bekam sie nun einen Stubentiger zu Gesicht, ruhte sie nicht, bis das Tier hochkant zum Fenster rausgeflogen war, was zum Glück keine Schäden verursachte, da sie im Erdgeschoss wohnte. Doch war sie bereit, größere Geschütze aufzufahren, wenn

Verena und Natalia mit Kater Charlie

es hart auf hart kam, und das bekam ich zu spüren. Bei meiner Schwester und mir waren Tiere selbstverständlich. Wir hielten allerhand niedliche Nager, besaßen Vögel und natürlich auch die eine oder andere Katze. Als Charlie ins Haus kam, wurde es ernst. Er war ein echter Wörner, scherte sich einen feuchten Kehricht um Warnungen und Verbote, streifte durchs ganze Haus. Eines Tage hielt mir Uroma Moni ein Döschen unter die Nase.

»Das, mein Kind, ist Gift«, sagte sie. »Es wirkt schneller, als du *Babb* sagen kannst. Damit bring' ich deinen Kater um, sollte er sich bei mir blicken lassen. Hast du das verstanden?«

Und ob ich das hatte. Uroma Moni stand mir so nahe, dass ich ihren Worten die richtige Bedeutung zumaß. Niemals würde sie ihre Zeit mit leeren Phrasen vergeuden. Von diesem Tag an war ich in heller Panik damit beschäftigt, Charlies Wege zu kontrollieren. Was natürlich wenig half. An einem schönen Sonntagmorgen saß ich mit Mutter bei Moni auf dem Sofa, als durch die geöffnete Wohnzimmertür Charlie hereinspazierte.

Ich wusste, was passieren würde, sollte Uroma ihn entdecken, und war bereit, sein Leben tapfer zu verteidigen. Auch meine Mutter sah, dass der Tag in Tränen enden konnte. Sie sprang auf, griff wahllos nach einem Buch im Regal und hielt es Moni vor die Nase.

»Was willst du denn mit meinem Kochbuch«, fragte diese, »das interessiert dich doch sonst nicht.«

Wir verhielten uns wie ein bestens eingespieltes Team. Nachdem Mutter vergeblich versuchte, Uroma Moni mit geheucheltem Interesse an einem der seltsamen Rezepte abzulenken, schnappte sie sich den Kater und lief aus dem Zimmer, während ich die Tür versperrte und mich vor Uroma aufbaute.

Viele Jahre später, inmitten der Dreharbeiten zu »Tannbach«, als ich mich schützend vor die Männer des Dorfes stelle, erinnerte ich mich daran. Im Film bezahle ich dafür mit dem Leben, in der Realität gelang uns die Rettung meines geliebten Katers.

Von nun an gab ich mir noch mehr Mühe, damit sich die Wege von Uroma und Charlie nicht kreuzten. Es war eine Sisyphusaufgabe, der ich mich mit Inbrunst widmete. Damals hörte ich meine Mutter häufig sagen: »Wie kommt es, dass alle unsere Männer tot sind?« Nun, Papa war nicht tot, er lebte ein paar Häuser weiter, doch vielleicht sprach sie vom Gefühl, das in ihrem Herzen wohnte. Ab und an kam Onkel Ljoscha zu Besuch. Er war der Sohn der nach Sibirien verschleppten Susanne und während des Krieges als russischer Offizier auf verschlungenen Pfaden nach Deutschland gelangt. Wenn er kam, servierte Uroma Zupfkuchen und schwarzen Tee, bevor sie die Canasta-Karten herauskramte. Danach sprach man die nächsten Stunden im Erdgeschoss nur noch Russisch. Ich stand an

Eine Szene aus dem Film »Tannbach« aus dem Jahr 2014

der Tür und lauschte, und meine Fantasie trug mich weit weg in dieses sagenhaft große Land. Ich flog über weite Steppen und unendliche Wälder, die zerteilt wurden von mächtigen Strömen, gegen die unser Neckar ein armseliges Gewässer war. Zwar verstand ich die Worte nicht, doch konnte ich darin eine Sehnsucht nach der Heimat spüren, die Moni und Ljoscha für immer genommen worden war. Nie sprach einer der beiden davon, in ein Flugzeug, einen Zug oder ein Auto zu steigen, um das Land ihrer Kindheit wiederzusehen.

Um Ljoscha rankten sich Gerüchte, er sei aus der Roten Armee desertiert, während andere Familienmitglieder hinter vorgehaltener Hand davon flüsterten, er sei ein Spion des KGB. Es war die Zeit des Kalten Krieges, und in Stuttgart befand sich das einzige US-Oberkommando außerhalb der Vereinigten Staaten. Oben auf den Fildern starteten amerikanische Militärmaschinen auf dem Stuttgart Army Airfield, in den Kelley Barracks in Möhringen, den Patch Barracks in Vaihingen und den Robinson Barracks in Cannstatt waren über 80.000 Soldaten stationiert. Ein paar Kilometer weiter westlich gab es die Panzerkaserne Böblingen, und die amerikanischen Planungen zur Stationierung von Raketen mit nuklearen Sprengköpfen in Heilbronn und Schwäbisch Gmünd waren bereits im Gange. Das Ländle wurde zu einer großen Waffenkiste und Stuttgart zum Zentrum von Spionage und Gegenspionage. Ob Onkel Ljoscha an diesem Spiel der Kräfte beteiligt war, entzieht sich meiner Kenntnis. Was ich weiß, ist, dass er Angst hatte, vor was und wem auch immer. Was mich damals wunderte, schließlich war er ein kräftiger Mann, ein ehemaliger Ringer, der sich durchsetzen konnte. Zunächst arbeitete er als Dolmetscher, später wurde er Chemiker. Seine Spezialität war die Herstellung von Nirosta-Stählen, korrosions- und säurebeständige Stahlsorten, die man in großen Mengen brauchte, um Schiffe, U-Boote, Flugzeuge, Panzer, Haubitzen, Kanonen und Raketen herzustellen. Wenn Ljoscha telefonierte, knackte es verdächtig in der Leitung, und seine Post wurde häufig geöffnet. Einmal unternahm er mit meiner Mutter eine Fahrt im Ruderboot auf dem Neckar. Es war Abend geworden, als ein Schiff aus der Dunkelheit auf sie zuraste. Es sah so aus, als wolle es das Boot rammen, doch kurz vor dem Aufprall drehte es ab. Niemand gab sich zu erkennen, aber ein starker Suchscheinwerfer wurde eingeschaltet, der Ljoscha und Mutter minutenlang blendete. Niemand stellte Fragen, niemand erwartete Antworten, es war eine pure Geste der Einschüchterung.

Zu dieser Zeit war Ljoscha für mich zu einer Art Vaterfigur geworden, und als er ein paar Jahre später von eigener Hand starb, brach für mich eine Welt zusammen. Offenbar hatte er dem wachsenden Druck nicht länger standhalten können. In seinem Zimmer fand man eine Schreibmaschine, in der ein Brief eingespannt war. Darin beteuerte er seine Unschuld. Er habe nie als Spion für einen östlichen Geheimdienst gearbeitet. Dieses Erlebnis sorgte dafür, dass »Russland«, die »Sowjetunion« oder der »Ostblock« zu Begriffen wurden, die mir Angst einjagten. Der Kalte Krieg hatte meine Seele erreicht, und wenn Besucher kamen, die mit Moni russisch sprachen, lauschte ich nicht länger an der Tür, um von unendlichen Weiten eines imaginären Zarenreiches zu träumen.

Nach Ljoschas Tod bestand ich darauf, meinen Taufnamen Natalia ins französische Natalie umzuwandeln, gleichgültig, ob es sich dabei um die Sprache des Streits handelte. Wie viele meiner Generation wandte ich mich dem Westen zu und vergaß darüber, dass es einen Osten gab. In dieser Zeit legte ich jeden Pfennig zurück, um mir einen Traum zu erfüllen: Bettwäsche in Stars & Stripes. Meine Träume lagen in Amerika. Kalifornien und New York wurden Sehnsuchtsorte, und natürlich war Onkel Julius, der Bruder meiner Mutter, mein absoluter Star. Er *lebte* in Amerika, und ich war mir sicher, dort war nicht nur seine Bettwäsche in Stars & Stripes. Immer wieder schickte er uns Päckchen mit den neuesten Errungenschaften dieser Supernation. Einmal handelte es sich um exotisches Saatgut, dass wir sofort im Garten vergruben, um dann beinahe täglich nachzuschauen, wann sich denn nun der Sprössling eines Mammutbaumes zeigte, oder was immer sich darin verbergen mochte. Der Kontrollgang war stets umsonst. Eines Tages wurde es meiner Mutter zu bunt. Sie griff zum Telefon, rief Julius an, sprach mit ihm ein klares Wort von Schwester zu Bruder, oder zumindest war das ihre Absicht gewesen. Kurze Zeit später legte sie auf, mit einem seltsamen Gesichtsausdruck.

»Was ist los, Mama?«, fragte ich besorgt.

Dafür gab es nun wirklich keinen Grund. Die Mundwinkel meiner Mutter begannen zu zucken, dann brach sie in schallendes Gelächter aus. Es dauerte eine ganze Zeit lang, bis sie wieder klar sprechen konnte. »Es war Seife, Nati«, kicherte sie. So ließ ich mich gerne nennen: Nati, westlich, kurz und knapp. »Es war kein Saatgut!«

Trotz dieser Enttäuschung blieb ich dem Westen zugewandt, verschloss mich weiterhin dem Osten. Als ich Jahre später einmal nach Sankt Petersburg reiste, um in meiner Funktion als Botschafterin für die Kindernothilfe einen Kindergarten zu eröffnen, der Aidswaisen, HIV-infizierte Mütter und deren Kinder unterstützt, kamen diese alten Ängste wieder hoch. Doch dann erlebte ich ein Russland im Aufbruch, weil Glasnost und Perestroika zu dieser Zeit noch keine Begriffe waren, die in Putins Schatten zu verschwinden drohten. Wendet sich heute die junge Generation wieder vom Osten ab, wiederholt sich hier Geschichte. Auch das ist ein Schicksal von Heimat: Die Zeit schreitet voran, auch wenn sich nicht wirklich etwas ändert.

Tag für Tag holte sich Uroma Moni einen schwäbischen Wasserwecken, für deren Zubereitung man nicht mehr braucht als Mehl, Salz, Hefe und Wasser. Trotzdem gab es Bäcker, die das konnten, und andere, die besser die Finger davon lassen sollten. Zu Ersteren gehörte der Klaiber Beck in der König-Karl-Straße. Eines Tages erbot ich mich, das *Weckle* dort zu holen, nahm die paar Pfennige in Empfang, die es kosten sollte, und machte mich auf den Weg. Beim Bäcker sah ich, dass ich für nur wenig mehr etwas Besseres bekommen könnte: einen aus

Milch gebackenen Wecken, knuspriger und leckerer, zumindest in meiner Vorstellung. Den ließ ich mir geben und machte mich auf den Heimweg. Ich war stolz, dass Uroma Moni durch meine Entscheidungsfreudigkeit so etwas Gutes zwischen die Zähne bekommen sollte. Als ich ihr das *Weckle* reichte, rümpfte sie die Nase.

»Was ist das?«

»Ein *Milchweckle*!«

»Hab' ich das bestellt?«

»Bestellt hast du nichts, Uroma.«

»Eben. Wenn ich einen Milchwecken will, sag' ich's. Das habe ich aber nicht. Oder hast du was gehört?«

»Nein, aber ...«

»Kein Aber. Ich will keinen Milchwecken. Ich will einen Wasserwecken, und den jeden Tag, hast du verstanden?«

In mir stieg Zorn auf. Da hatte ich Uroma eine Freude machen wollen, und jetzt das.

»Nie mehr werde ich für dich einkaufen! Nie mehr werde ich dich besuchen!«, platzte es aus mir heraus. Es lasteten noch viele »Nie mehrs« auf meiner Seele, doch ließ ich es gut sein, machte auf dem Absatz kehrt, rannte die Treppe hinauf zu meiner Mutter und erstattete wütend Bericht. Mutter stieg in ihrer Eigenschaft als viel beschäftigte Diplomatin die Treppen hinab, um bei Uroma vorzusprechen. Zu ihrer Überraschung fand sie Moni feixend vor.

»Und? Schäumt die Kleine?«

»Kann man so sagen.«

»Ausgezeichnet! Ich bin gespannt, ob sie nächstes Mal wieder nach ihrem Willen handelt.«

Darum ging es Moni also. Ich sollte mit dem eigenen Kopf denken, auch wenn es danach Saures gab. Natürlich durchschaute ich die Strategie nicht, trotzdem wurde sie mir zur guten Schule.

Uroma Moni war hochbetagt, als sie sich einen Oberschenkelhalsbruch zuzog. Heute stehen selbst ältere Patienten bei dieser Verletzung Stunden später wieder auf den Beinen. Damals bedeutete es häufig das Todesurteil. Das war auch bei Moni nicht anders. Als sie spürte, wie der Tod das Haus in der Kreuznacher Straße betrat, rief sie die Familie zusammen. Auch Onkel Julius in Amerika wurde alarmiert. Moni schob das Sterben hinaus, bis er eingetroffen war. Dann schlummerte sie immer häufiger ein, wurden ihre wachen Phasen kürzer und kürzer. In mir tobte ein Kampf der Gefühle. Der Tod war jetzt allgegenwärtig, doch fühlte er sich friedlich an, nicht wie der rachsüchtige Typ, den Uroma immer gefürchtet hatte. Vielleicht konnte sie bereits einen Blick an diesen Ort werfen, wo uns Menschen klar wird, dass es keine Sünden gibt, sondern diese menschengemachter Aberglaube sind, um uns zu kasteien und zu beherrschen. Jedenfalls trug Moni auf einmal ein Lächeln auf dem Gesicht, was mich dazu brachte, ihr ein lautstarkes »Moni, wie geht es dir?« zuzurufen. Da öffnete sie noch einmal die Augen, richtete sich im Bett auf, strahlte übers ganze Gesicht und antwortete mit ihrer alten, kräftigen Stimme: »Nati!« Dann sank sie ins Kissen zurück und starb noch in derselben Nacht.

Schrieb ich, das Schicksal von Heimat ist, dass die Zeit voranschreitet, auch wenn sich nichts ändert? Ein ähnliches Mysterium passiert, wenn die Zeit stehen bleibt und trotzdem alles anders wird. Das geschah im Augenblick von Monis Tod. Uhren hörten auf zu ticken, und Zeiger standen still, zumindest in meiner Wahrnehmung. Dann war ein Teil meiner Heimat verschwunden, wie ein fehlendes Puzzle im ansonsten fertigen Bild. Moni war an diesen Ort gegangen, an den ich ihr nicht folgen konnte.

AUF DEM RÜCKEN DER PFERDE

I have been to extraordinary places that have inspired me and moved me in profound ways. But I am at home, if I have something to do, creating or co-creating in a life affirming way, someone to love, and faith. If I am lucky enough to experience any or all three of these things on any given day, then I am right with myself, and the place I inhabit. The greatest bliss I have ever experienced, is watching my son being born, and watching him, as a participant, in his growth and learning, be it here or on the moon.

Robert Seeliger

Die Lücke, die Monis Tod in unseren Haushalt riss, war groß, und es sollte sich zeigen, dass weder meine Großmutter noch meine Mutter sie schließen konnten. Das mag daran liegen, dass der Tod uns nicht nur einen geliebten Menschen entreißt, sondern sich das ganze Landschaftsbild ändert. Nicht umsonst sagen wir, »die Welt ist seither eine andere«. Eine der absurden Besonderheiten von Heimat ist, dass sie diese neue Welt abbildet. Heimat ist in ihrem Inneren einem ständigen Wandel unterworfen, auch wenn sie uns vorgaukelt, sich nicht zu ändern. Vielleicht tun wir uns deshalb in manchen Zeiten schwer mit ihr? Zumindest mir ist es so ergangen.

Ihre letzte Ruhe fand Moni auf dem Stuttgarter Waldfriedhof. Ohne sie blieben russisch sprechende Besucher aus, Ljoscha war ebenfalls nicht mehr, unser Haus der Frauen musste mehr denn je auf eigenen Füßen stehen. Bis zum Alter von acht Jahren hatte ich mit Verena ein Zimmer geteilt. Jetzt gehörte es mir allein, und ich bekam Lust, es neu zu gestalten. Ich tapezierte es mit Pferdepostern, denn in Wirklichkeit war ich nicht Natalia, das Mädchen vom Cannstatter Kurpark, sondern Nscho-tschi, Tochter des Apachenhäuptlings Intschu-tschuna, Schwester von Winnetou. Nicht, weil ich mich für Karl Mays Abenteuergeschichten interessierte, sondern weil ich eine Indianerin war, die ihre Heimat auf dem Rücken eines Pferdes durchmaß.

Als mich vor ein paar Jahren Karl Lagerfeld fotografierte, passierte etwas Merkwürdiges. Zwischen dem Modeschöpfer und mir stimmte die Chemie von Anfang an. Mich faszinierte seine Intuition und seine Intelligenz. In Lagerfelds Haus in Paris gibt es eine Bibliothek mit einem enormen Bestand. Über

300.000 Bücher gibt es dort. Er liebt deutsche Sagen wie die Nibelungen und die Romane von Thomas Mann, vor allem die Buddenbrooks. Da schwingt das Heimatgefühl eines Exilanten mit, der die eigene Scholle schon früh verlassen hat, um im Ausland sein Glück zu machen. »Glück« war in seiner Kindheit stets mit dem Begriff Glücksklee verbunden, die bekannte Marke der Dosenmilchfabrik seines Vaters. Karl zog es vor, der gefeierte Modemacher für Pierre Balmain zu werden, für Jean Patou, Chloé, Fendi, Chanel und natürlich für seine eigene Modelinie. Daneben arbeitet er aber auch als Kostümbildner fürs Theater und die Oper, als Parfümeur, Designer, Verleger des LSD Verlags und natürlich als Fotograf. In dieser Eigenschaft trafen wir aufeinander. Alles war für das Fotoshooting vorbereitet, als Karl mich mit einem kleinen Lächeln ansah.

»Ich glaube«, sagte er, »Sie sind eine Indianerin.«

Bevor ich mich versah, sprang er auf und verschwand in der Rue de Lille bei einem Antiquitätenhändler gegenüber. Wenige Minuten später kehrte er mit dem prächtigen Kopfschmuck eines Indianerhäuptlings zurück. Er bat mich, ihn aufzusetzen. Von der ersten Sekunde an war das ein wunderbares Gefühl, bei mir und bei allen anderen im Studio. Auf einmal war es mucksmäuschenstill.

»In der Tat«, murmelte Karl, »Sie sind nicht nur eine Indianerin. Sie sind eine Königin.« Später fügte er hinzu: »Ich habe Sie nicht fotografiert. Ich habe Sie gemalt.«

In meiner Zeit als Nscho-tschi durchstreifte ich mit Verena den Kurpark von Cannstatt. Meine Schwester hat ein besonderes Talent zum Zeichnen und Malen, in ihrer Hand beginnt ein Stift sofort zu tanzen, und Minuten später ist daraus ein

»*Ein Foto wie ein Gemälde*«, sagte Karl Lagerfeld.

Kunstwerk entstanden. Damals waren es vor allem Pferdeställe, die wir gemeinsam entwarfen. Paläste, für die edelsten aller Tiere, die wir später zusammen erbauen wollten. Natürlich war unser Traum, ein eigenes Pferd zu haben, doch das konnten wir uns nicht leisten. Trotzdem hatte ich Glück, weil ich häufig die Gelegenheit fand, meiner Leidenschaft zu frönen. Unter der Woche fuhr ich mit der Straßenbahn bis zum Wilhelmsplatz und stieg dort in die Linie Nummer 5, die der schwäbische Bluesbarde Wolle Kriwanek so schön besungen hat:

> »*I muß die Stroßaboh no kriega,*
> *bloß dr Fünfer bringt mi hoim.*
> *I stand an der Ampel, Zonga hängt mir raus,*
> *hilflos guck i zu, mei Fünfer goht naus.*
> *I han koin Pfennig für a Taxi in d' Dasch*
> *Do lauf i halt hoim – leck mi am Arsch.*«

Mich brachte die Fünfer nicht heim, sondern hinaus nach Stammheim. Wahrscheinlich gibt es kaum einen Stuttgarter, der den Namen dieses nordöstlichen Stadtteils hört und nicht sofort das Bild des dortigen Gefängnisses vor Augen hat. Der berüchtigte Hochsicherheitstrakt. Die im siebten Stock gefangenen Anführer der Roten Armee Fraktion. Andreas Baader, Gudrun Ensslin, Jan-Carl Raspe, Irmgard Möller. Ihre Todesnacht zum 18. Oktober 1977, der Suizid der drei Erstgenannten. Es war der vorläufige Schlusspunkt des Deutschen Herbstes, der durch den Terrorismus der RAF geprägt war. Aber es war nicht das Ende. Die RAF mordete weiter, der Staat schlug zurück, meine Heimat war ein Brennpunkt. Über all das sind Bücher geschrieben worden, wurden Filme gedreht, doch selten sprachen die Menschen über das bleierne Gefühl, das sich ihrer bemächtigt, sobald der Knast in Sicht kommt. Stets war ich froh, an der Endstation aussteigen zu dürfen. Den restlichen Weg zum Pferdehof legte ich im Laufschritt zurück. Erst dort wagte ich, wieder durchzuatmen, wenn der warme Geruch der Tiere in der Luft lag, ich ihr Schnauben und das Geräusch ihrer Hufe auf dem Boden hören konnte. In dieser Welt lag mein Urvertrauen, hier konnte ich mich öffnen. Das tat ich auch mit allen Sinnen. Über Mädchen mit Pferdefimmel ist viel geschrieben worden, doch in den literarischen Vorlagen trieb es keine so wild wie ich. Ich war mit den Pferden wie verwachsen, lernte alles über das Reiten und über den Umgang mit Sattel und Zaumzeug.

Ganz anders war das Umfeld, wenn es in den Ferien nach Böhringen ins Biosphärengebiet Schwäbische Alb ging. Dort genossen wir eine Freiheit, die zu meinen schönsten Kindheitserinnerungen gehört. Nun, da ich selbst ein Muttertaxi unter-

halte, um meinen Sohn zum Musikunterricht, zum Fußball-
spielen, zu seinen Freunden und in die Schule zu kutschieren,
ist mir klar, wie groß das zeitliche Opfer war, das unsere Eltern
erbrachten. Man brauchte für die kurvenreiche Straße hoch
auf die Alb zwei Stunden. Kaum am Schepperhof angekommen, sprangen die Töchter auf die nächstbesten Pferde und
waren für den Rest des Tages nicht mehr zu sehen. Doch was
für einen Spaß wir hatten! Den lieben langen Tag verbrachten
wir im Freien, und wenn die Dunkelheit hereinbrach, war
noch lange nicht Schluss. Verena und ich genossen das Privileg, einige Pferde in ihre verschiedenen Stallungen zu reiten.
Eine davon befand sich im Dorf, und natürlich machten
wir auf dem Weg dorthin immer einen Umweg. Wir kamen
durch Böhringen, Zainingen, Feldstetten …, sobald die Hufe
klapperten, riefen die Leute uns zu: »*Maidle, hen 'er eich
vo'laufe?*«
Nein, wir hatten uns nicht verlaufen, und unsere Pferde erst
recht nicht, denn mit den Jahren kannten Ross und Reiter jeden Stein und jeden Baum.

Hier lernte ich Freiheit kennen und schätzen, und als ich Jahre
später einen Film drehte, in dem ich viel Zeit im Sattel verbringen durfte, genoss ich jede Minute der Dreharbeiten. »Miss
Texas« ist die Verfilmung des Romans »Kiss me, Kat« von
Claudia Kratochvil. Ich spiele darin eine Fotojournalistin, die
für eine Reportage über heutige Cowboys nach Texas reist.
Dort lerne ich Greg kennen, gespielt von Robert Seeliger. Der
mich im Film zunächst nicht mag, aber später umso mehr. Und
weil beim Film aus Fiktion manchmal Realität wird, kamen
wir uns bei den Dreharbeiten so nahe, dass wir uns zwei Jahre
später das »Jawort« gaben.

Mit Robert Seeliger bei den Dreharbeiten von »Miss Texas«, 2004

Roberts Vater, Jürgen Seeliger, war aus Schlesien nach Kanada ausgewandert, die Mutter Anne ist eine gebürtige Schottin. Ihr Vater starb im Zweiten Weltkrieg, und so ist es nicht weiter verwunderlich, dass »Deutsche« und »Deutschsein« zunächst nicht ihre Gunst gewinnen konnten. Doch wie so oft würfelte auch in ihrem Fall das Leben seine ganz eigenen Kombinationen. Sie lernte Jürgen kennen und lieben. Als Robert mich vorstellte, sagte sie: »You know, I didn't like Germans in the first place«, »ich habe Deutsche nicht von Anfang an gemocht«, bevor sie mich in die Arme schloss. Die Familie lebte in Kanada, wie ich mir ein Leben dort vorgestellt hatte: verbunden mit der Natur, auf den Rücken von Pferden, mit einem Gefühl von Freiheit und einer Weite vor Augen, die sich Tausende Meilen in alle Richtungen erstreckte.

Dass aus mir selbst eine Pferdefrau wurde, habe ich meinem Vater zu verdanken. Anfänglich dachte ich, die nächtlichen Eskapaden meiner Schwester und mir oben in Böhringen seien seiner Aufmerksamkeit entgangen, da befand ich mich im Irrtum. Er wusste über alles Bescheid, wollte uns aber nicht in unserer Freiheit einschränken. Vermutlich, weil in ihm selbst ein Abenteurer steckt. Ähnlich wie Moni war es ihm wichtig, dass ich Entscheidungen selbst fällte und Herausforderungen die Stirn bot. Das begann mit einer Ferienfreizeit im norddeutschen Querenstede, eine kleine Bauernschaft im Landkreis Ammerland in Niedersachsen. »Hier ist ganz viel Nichts«, beschrieben die Leute dort oben ihre Heimat, um im gleichen Atemzug darauf hinzuweisen, wie schön dieses viele Nichts sei. Tatsächlich war es für uns Großstadtkinder das Paradies, doch eigentlich sollte ich gar nicht teilhaben. Ich war viel zu jung, um bei diesem Ferienprogramm dabei zu sein, das es in dieser Form eigentlich nicht hätte geben dürfen. Ein Ex-Soldat der alten Garde, mit preußischem Hang zu militärischer Disziplin, hatte seinen von der Pleite bedrohten Hof in ein Jugendheim verwandelt, oder zumindest in das, was er dafür hielt. Die Transparenz des Internet würde diesem Unternehmen heute ein schnelles Ende bereiten: Einige Berichte teilnehmender Kinder, und die Sache wäre gegessen. Das gab es damals nicht, und so schickten uns die Eltern ohne Bedenken gen Norden, als sie die Anzeige gelesen hatten. Dort angekommen, wurden wir um sechs Uhr morgens mit dröhnender Marschmusik geweckt. Anschließend gab es Frühstück, das aus einer Scheibe Schwarzbrot bestand und dicken Klumpen Milchreis, die ich kaum gegessen schon wieder in hohem Bogen von mir gab. Außerdem setzte man uns gezuckerten Kopfsalat vor, der einen ähnlichen Effekt auf meinen Magen hatte. Egal. Ich hatte gelernt, Gefahren ins Auge zu sehen und Maßnahmen zu ergreifen, daher bestach ich den Küchendienst und ernährte mich die kommenden Wochen nur noch von Schwarzbrot. Damals war ich gerade mal groß genug, um auf Ponys zu reiten, doch in Querenstede herrschten andere Regeln. Du willst auf den Hengst klettern? Wenn du hochkommst, bitte schön. Und ob ich hochkam! Ach, Traktor fahren möchtest du auch? Wer Kinder mit Militärmusik weckt, hat damit kein Problem. Ich kam zwar kaum bis zu den Pedalen, doch selbst, als ich ein Kaninchen totfuhr, entzog mir keiner den nicht vorhandenen Führerschein. Dafür hieß es, erst die Arbeit, dann das Vergnügen. Wir Kinder mussten Küchen- und Stalldienste verrichten und während der Ernte nachts die Maschinen bewachen. »Maiswache« nannte sich der Spaß, der fast zum blutigen Ernst wurde. Ich kletterte auf eine der Maschinen, über deren Häckselmesser ein Berg Mais gehäuft war. Unter meinem Körpergewicht gab es nach, und ich rutschte langsam und unnachgiebig in Richtung der scharfkantigen Klingen. Max und Moritz kamen mir in den Sinn, die eingefangen von Bauer Mecke in der Mühle zermahlen werden. Ich schrie Zeter und Mordio, und das gewiss nicht im trochäischen Vierheber von Wilhelm Busch: »Aber wehe, wehe, wehe! / Wenn ich auf das Ende sehe!« Hilfe kam zwar keine, doch irgendwie arbeitete ich mich aus dem Mais heraus, schwer atmend und am ganzen Körper zitternd. Am nächsten Morgen rief ich vom Haustelefon bei meinem Vater an. »Das war furchtbar, Papa! Ganz, ganz furchtbar.«

Er hörte sich alles an. Dann wollte er wissen: »Soll ich dich nach Hause holen? Ich kann gleich losfahren.«

Er wollte meine Meinung hören, bestimmte nicht über meinen Kopf hinweg. Und er ließ mir Zeit, darüber nachzudenken. Da war der Schrecken der letzten Nacht. Da war die Militärmusik und der Milchreis und der Küchendienst. Da war aber auch ein Hengst, der im Stall auf mich wartete, und meine Schwester, die das alles locker durchstand und zum Glück immer auf meiner Seite stand. Und da war mein Dickkopf, der mir sagte: Wenn du jetzt aufgibst, wirst du es bereuen. Wenn du jetzt aufgibst, wirst du immer aufgeben.

Ich holte tief Luft. »Weißt du, Papa, so schlimm ist es gar nicht. Ich bleibe da.«

»Nati, bist du sicher?«

»Ganz sicher.«

Das war ich auch. Ich wusste, dass mein Vater alles stehen und liegen lassen würde, um mich abzuholen. Ich wusste aber auch, dass er glaubte, ich könne es schaffen. Es muss ihm schwergefallen sein, an diesem Tag nicht ins Auto zu springen, um auf dem schnellsten Weg nach Norddeutschland zu fahren. Dass er es nicht tat, rechne ich ihm hoch an, denn die Nati, die aus dem Feriencamp nach Hause zurückkehrte, war nicht dieselbe, die dorthin gefahren war. Ich musste schmunzeln, als die Regisseurin Ulrike Grote bei den Dreharbeiten für »Die Kirche bleibt im Dorf« sich den Kopf zerbrach, wie sie uns Schauspielern das Fahren mit Traktoren beibringen sollte. Da gibt es die Szene, in der wir mit vereinten Kräften auf Traktoren die Kirche von Oberrieslingen in Sicherheit bringen müssen.

»Trecker fahren?«, sagte ich. »Kein Problem. Ihr müsst nur die Kaninchen in Sicherheit bringen.«

GRENZEN ÜBERWINDEN

Der Plural von »Heimat« ist in der deutschen Sprache nicht gebräuchlich, heißt es im Duden. Das habe ich nie verstanden. Für mich gibt es einige Orte, an denen sich mein Innerstes zu Hause fühlt: das sonnige Grottaferrata bei Rom, in dem ich den ersten Teil meiner Kindheit verbrachte. Das bayerische Garching mit seinen Isarauen, die ich danach durchstreifte. München, das untrennbar mit meiner Jugend und dem Beginn meines selbstständigen Lebens verbunden ist. Der Platz in Berlin, an dem das Haus steht, in dem ich mit meinem Mann und unserem Sohn wohne. Aber auch der kleine Spazierweg in Hainhofen, dem schwäbischen Dorf meiner Großmutter, der von ihrer Wohnung über die Felder zum Metzger führte, gehört dazu. Ich habe nicht eine, sondern viele Heimaten.

Sandra Maischberger

Sylvester Stallone sagt in dem Film »Rocky Balboa«, »wenn du lange genug an einem Ort wohnst, wirst du zu diesem Ort«. Ich mag diesen Satz, weil er auf anschauliche Weise nahelegt, wie wir zu einem Heimatgefühl kommen können. Was bei manchen Menschen allerdings ein langer und steiniger Weg sein kann, wie ich kürzlich dem Buch »A House Somewhere« des Reiseschriftstellers Don George entnahm. Dort berichten vom Virus der Nichtsesshaftigkeit befallene Menschen von ihren Wanderjahren, bis sie eines Tages doch ihren Platz entdecken, der die innere Unruhe zu besänftigen weiß. So beschreibt die Schriftstellerin Isabelle Allende, wie sie nach der Vertreibung aus Chile viele Jahre um den Globus irrte, um endlich im kalifornischen Marin County eine neue Heimat zu finden. Es war die Liebe zu einem Mann, der in ihr das Gefühl auslöste, so lange an diesem Ort bleiben zu wollen, bis sie zu diesem Ort wird. Ich erlebte vor ein paar Jahren etwas Ähnliches. In einer Gegend, die mir bis dahin nichts gesagt hatte, vernahm ich den Ruf: »Schlage Wurzeln in mir«. Ich erwarb dort einen Bauernhof, mehr Ruine als funktionierendes Gebäude, um mich seither in Arbeitsklamotten an dieses Gefühl heranzutasten, irgendwann einmal zu diesem Ort zu werden.

Doch, was ist mit denen, die dieses Privileg nicht genießen? Der moderne Mensch ist mobil wie niemals zuvor. Wir ziehen bald so häufig um, wie es die Amerikaner schon lange tun, pendeln über weite Strecken zu unseren Arbeitsplätzen. Der Zug, der Stuttgart mit Paris verbindet, ist jeden Morgen voller Leute, die in der französischen Hauptstadt ihrem Job nachgehen und spät am Abend zurückfahren. Die 500 Kilometer lange Strecke ab Straßburg legen sie in knapp drei Stunden zurück. Im Flieger, der frühmorgens vom Stuttgarter Manfred-Rom-

Jacob während der Sanierung unserer neuen Heimat

mel-Flughafen nach Zürich geht, sitzen Pendler, für die dieser Weg zur Arbeit völlig normal ist. Bin ich auf der Bundesstraße 10 zwischen Karlsruhe und Stuttgart unterwegs, stauen sich zu Stoßzeiten Autos mit französischen Kennzeichen, deren Fahrer bei Mercedes, Porsche, Bosch oder anderen großen Unternehmen der Landeshauptstadt beschäftigt sind. Ihre Fahrtzeit aus dem Elsass beträgt zwischen zwei bis vier Stunden. Für diese Menschen ist die Straße, die Schiene oder der Luftraum Teil ihrer Heimat geworden. Und dann gibt es noch Zahlen, die viel schwerer wiegen, weil sie nichts mit Freiwilligkeit zu tun haben: Nie zuvor waren mehr Menschen auf der Flucht als heute. Laut der UNO-Flüchtlingshilfe sind es in diesem Moment, in dem ich diese Zeilen schreibe, 52 Millionen. Viele von ihnen lebten lange genug an einem Ort, um dieser Ort zu sein, dann wurden sie von Krieg und Terror von dort vertrieben.

Ich gehöre zu denen, die der Heimat freiwillig den Rücken kehrten. Jetzt, wo ich mich für dieses Buch mit meiner Familiengeschichte auseinandersetze, war es vielleicht doch nicht nur eigener Wille, der mich in die Welt hinaustrieb. Krieg, Deportation und Exil haben auch in meiner Familie Narben hinterlassen. Die Narben der Ahnen sind auch immer die Narben der Kinder.

Mein Vater wurde am 2. April 1939 geboren, wenige Tage bevor die Nationalsozialisten Böhmen und Mähren okkupierten, die Tschechoslowakei von der Landkarte wischten, und damit allen zeigten, die noch immer ihre Augen vor der braunen Gefahr verschlossen, dass sie keine Skrupel kannten. Fünf Monate später beschoss das ehemalige deutsche Linienschiff »SMS Schleswig-Holstein« die polnische Westerplatte in Danzig, der Zweite Weltkrieg begann. Für Menschen wie meinen Vater bedeutet Kindheit vor allem Kriegserinnerungen. Sein Vater ist 1915 geboren und war somit zu Beginn der barbarischen Schlachterei im besten Kanonenfutteralter. Doch er überlebte und bereicherte die Erinnerungen meines Vaters mit einer skurrilen Begegnung: Lange Jahre war da keiner, und dann kam eines Tages ein fremder Mann zu ihm und behauptete, sein Vater zu sein.

»Es ist noch nicht lange her«, erzählte mir mein Vater kürzlich, »da ging ich auf eine Erinnerungsreise.« Sie führte ihn in die Gegend zwischen Abtsgmünd und Ellwangen im östlichsten Zipfel Baden-Württembergs. Ellwangen ist ein Städtchen, das beinahe wichtig geworden wäre, als König Friedrich I. von Württemberg 1812 hier die Katholisch-Theologische Friedrichs-Universität als Gegenpol zu den evangelischen Kräften Tübingens gründete. Die ließen sich das aber nicht gefallen und holten sich ein paar Jahre später die Fakultät an die eigene Universität. Ellwangen versank wieder in Bedeutungslosigkeit, was zu Kriegszeiten alles andere als ein Makel ist. Während Stuttgart 53-mal angegriffen wurde und ab 1943 unter Dauerbeschuss lag, was am Ende zwei Drittel der Stadt zerstörte, lebte man in Ellwangen weit entfernt von dem Inferno. Zusammen mit seiner Mutter und der neugeborenen Schwester Dorothee wohnte mein Vater damals im Sommerrain zwischen Cannstatt und Fellbach. Sie flüchteten in die Bunker, sobald die Sirenen heulten.

»Nach einem Luftangriff der Royal Air Force wurden wir evakuiert. So gelangten wir nach Lutstrut, einem Weiler in der Nähe von Pommertsweiler. Ellwangen war um die Ecke. Hier wähnten wir uns sicher und waren es doch nicht.«

Mein Vater erinnert sich an einen Bombenangriff, bei dem Dorothee im Kinderwagen vor dem Haus blieb. Der war danach von Dreck und Staub überdeckt, ihr selbst war wie durch ein Wunder nichts passiert.

»Wenig später habe ich ihr und meiner Mutter das Leben gerettet«, berichtete mein Vater. »Da war Tage zuvor ein Mädchen aus der Nachbarschaft bei einem Tieffliegerangriff getötet worden. Man hatte sie vor dem Haus aufgebahrt und uns Kinder dazugerufen. Kerzen brannten, vor ihr lagen drei lange, spitze Patronen. Ein alter Mann deutete darauf und sagte: ›Kinder, das wird euch passieren, wenn ihr nicht rechtzeitig in Deckung geht.‹ Daran dachte ich, als wir kurz darauf nach Pommertsweiler marschierten. Dort sollten wir im Gasthaus Adler ein Mittagessen kriegen. Dafür nahmen wir den Weg gerne in Kauf. Es ging durch einen Wald, dann über Kuhweiden hügelab. Dort sah ich den Flieger und wusste gleich, was passieren würde. Ich rannte los, so schnell ich konnte, da kam er schon über den Wald auf uns zu. Ich schrie, doch das ging im Stakkato der Bordkanone unter. Da riss ich Mutter samt Kinderwagen in den Straßengraben, während um uns die Hölle ausbrach. Der Flieger jagte über uns hinweg, und mir war klar, das nächste Mal erwischt er uns. Die hatten Übung darin, schossen auf alles, was sich bewegte. Die Bauern jammerten, weil sie alle Kühe abgeknallt hatten. Die Maschine zog hoch und wendete, da rief ich Mutter zu,»lauf in den Wald!« Sie packte Dorothee und rannte los, ich hinterher. 300 Meter trennten uns von den Bäumen. Vielleicht hat er gelacht, der Pilot da oben, als er uns um unser Leben laufen sah. Vielleicht hat er sich geärgert, denn wir erreichten den Wald, bevor er uns abschießen konnte. Er flog weiter, auf der Suche nach anderen Opfern, und wir gingen zum Adler, weil wir Hunger hatten.«

Mein Vater blieb bis zum Ende des Krieges in der Gegend. »Nahe dem Haus, in dem wir untergekommen waren, gab es eine Holzbeuge. So ein Stapel Brennholz war damals ein Reichtum, daher hieß es, da dürft ihr Buben nicht dagegenpinkeln. Das Verbot sorgte dafür, dass wir ständig drum rumschleichen mussten. Eines Tages sagte ich mir, jetzt mach' ich's. Gerade stellte ich mich in Positur, da tauchte ein fremder Mann auf. Er fragte:»Weißt du, wer ich bin?« Warum ich antwortete, was ich antwortete, kann ich heute nicht mehr sagen, die Worte kamen einfach aus meinem Mund:»Du bist mein Vater.« Ich hatte jeden Tag auf ihn gewartet, ständig von ihm geträumt, dabei kannte ich ihn gar nicht. Nun stand er leibhaftig vor mir. So kamen die Überlebenden nach Hause. Als Fremde.«

Ein Jahr später das Déjà-vu: Die Tür öffnet sich, erneut betritt ein fremder Mann das Haus. Er fragt:»Ist mein Kaffee fertig?«, und alle Anwesenden schreien auf, fangen gleichzeitig zu lachen und zu weinen an. Und dann wieder die Frage an meinen Vater: »Weißt du, wer ich bin?«

»So lernte ich Großvater kennen. Der zeigte mir gleich, was für ein verrückter Hund er war. Er nahm mich an der Hand, wir traten vors Haus, und er fragte: ›Siehst du den Zaun dort drüben? Wer als Erster ankommt, hat gewonnen.‹ Dann sprintete er los, während ich perplex innehielt. Der Fremde, der sich Großvater nannte, durchpflügte ein Brennnesselfeld und hechtete im Salto über den Zaun.«

Mein Sohn Jacob ist zum Zeitpunkt, an dem ich das schreibe, zwei Jahre älter, als Vater es damals war. In was für einer anderen Realität er doch leben darf. Er besucht eine bilinguale Schule, in der neben Deutsch wie selbstverständlich Englisch Sprache des Unterrichts ist. Unzählige Nationen sind vertreten, Abgrenzung ist kein Thema, aber waren wir da nicht schon einmal? Als sich im 19. Jahrhundert in meiner Heimatstadt Cannstatt an den Schulen des Ortes ebenfalls Kinder aus 20 Nationen tummelten? Es war nicht von Dauer, und es wird auch dieses Mal nicht von Dauer sein, wenn wir nicht täglich an den Errungenschaften arbeiten, die wir uns mühsam erworben haben. Ich wundere mich nicht darüber, dass Jacob die Sorgen umtreiben, wenn ihn die täglichen Meldungen erreichen. Die kommen von weit her, aus Nordkorea, dem Irak, Afghanistan, Syrien und Paris, doch sie fühlen sich an, als seien sie aus Ellwangen, Pommertsweiler und Lutstrut. Durch Fernsehen und Internet ist unsere Welt klein geworden, und mein Sohn will wissen, was sich alle Kinder fragen: »Mama, kann das auch bei uns passieren?«

Was antworten wir darauf? »Nein« wäre eine Lüge, »Ja« sorgt für schlaflose Nächte. Seit Jacob diese Fragen stellt, wächst meine Achtsamkeit noch mehr im Umgang mit dem fragilen Begriff der Heimat. Schließlich haben wir etwas erreicht, was an vielen Orten der Welt undenkbar ist. 2015 feiern wir 70 Jahre ohne kriegerische Handlung auf deutschem Boden. Ein Blick ins Geschichtsbuch lehrt uns die Außergewöhnlichkeit dieses Ereignisses. Das hat es noch nie gegeben, und die Gründe dafür sind vielfältig. Sie reichen von den freundschaftlichen Verbindungen, die Konrad Adenauer zum »Erbfeind Frankreich« knüpfte, über die Ostpolitik von Willy Brandt bis zur europäischen Einheit, vorangetrieben von Helmut Kohl.

Wie groß die Widerstände waren, zeigt sich in der Historie meiner Heimat. Die drei Regionen Württemberg, Baden und Württemberg-Hohenzollern sollten nach dem Krieg zu einem Bundesland geformt werden. Vor allen den Badenern gefiel das nicht. Dort hatte 1848/49 die erste Revolution für demokratische Werte auf deutschem Boden stattgefunden, die von preußischen und auch württembergischen Truppen zusammengeschossen worden war. Die Aufständischen verrotteten danach in der Festung Rastatt oder mussten fliehen; über 50.000 Badener verließen die Heimat in Richtung Nord- und Südamerika. Das hatte man 100 Jahre später nicht vergessen, als es darum ging, eine Ehe einzugehen, in die der Bräutigam zwar Geld einbrachte, sich die arme Braut aber trotzdem zierte. Dass man dann bei der Volksabstimmung einen Bauerntrick anwandte, um die Mehrheit sicherzustellen, sorgte für weiteren Unmut. Damit waren zwar die Würfel gefallen und das Bundesland mit dem Bindestrich konnte entstehen, trotzdem wurde erst 1970 in einer weiteren Abstimmung die Sache wasserdicht gemacht. Daher schaut man in Baden stets mit Argus-

augen Richtung Stuttgart, damit die Hauptstadt ihre dominie-
rende Stellung im Ländle nicht allzu häufig ausnutzt. Dabei
haben es die Württemberger doch nicht einmal zu einer richtigen Hymne gebracht – wer von den Landeskindern kennt
schon die Verse von Justinus Kerner?

Preisend mit viel schönen Reden
Ihrer Länder Wert und Zahl,
Saßen viele deutsche Fürsten,
Einst zu Worms im Kaisersaal
...
Eberhard, der mit dem Barte,
Württembergs geliebter Herr,
Sprach: Mein Land hat kleine Städte,
Trägt nicht Berge silberschwer;

Doch ein Kleinod halt's verborgen:
Daß in Wäldern noch so groß
Ich mein Haupt kann kühnlich legen
Jedem Untertan in Schoß.

Das ist in Baden ganz anders. Bei manchen offiziellen und vielen inoffiziellen Gelegenheiten singt man mit Inbrunst das
Badner-Lied. Darin kommen keine Fürsten zu Wort wie bei
den Württembergern, stattdessen werden schöne Landschaften, stolze Städte und die holde Weiblichkeit beschworen.

Das schönste Land in Deutschlands Gau'n
das ist mein Badner Land!
Es ist so herrlich anzuschaun
und ruht in Gottes Hand.

…
In Karlsruhe ist die Residenz,
in Mannheim die Fabrik,
in Rastatt ist die Festung,
und das ist Badens Glück!
…
In Haslach gräbt man Silbererz,
bei Freiburg wächst der Wein,
im Schwarzwald schöne Mädchen,
ein Badner möchte ich sein!

Kein Wunder, dass wir für hochgezogene Augenbrauen sorgten, als wir die schwäbische Komödie »Die Kirche bleibt im Dorf« ausgerechnet in Baden drehten. In der Nähe von Emmendingen befindet sich eine der größten Burganlagen im Südwesten. Das benachbarte Freiamt, wo wir Unterschlupf gefunden hatten und die Kameras ebenfalls liefen, gehört zu den Gegenden, die das

Manchmal ist Heimat ein anderes Wort für Paradies.

Badner-Lied in jedem Maße rechtfertigen: »Das schönste Land in Deutschlands Gau'n, das ist mein Badner Land! Es ist so herrlich anzuschaun und ruht in Gottes Hand.« Der Weinbau im Vorgebirge zwischen Rhein und Schwarzwaldhöhen, dazu Wälder, Wiesen, romantische Täler und Aussichtsberge wie der Hühnersedel, von dem man an schönen Tagen in die französischen Vogesen und über das Schweizer Jura hinweg ins Berner Oberland blickt. Und dann ruht die Gegend auch deshalb in Gottes Hand, weil Erfindungen wie Internet, Handyempfang oder GPS in vielen der versteckten Tälchen und Schluchten von Freiamt noch nicht angekommen sind.

Dafür gibt es eine ganz besondere Entdeckung zu machen: das *Confinium Alemannorum*, die einstige Grenze des Allemannenreichs. Um dort hinzukommen, lässt man das Auto Auto sein und schnürt stattdessen die Wanderstiefel. Von Steinach oder Haslach im Kinzigtal geht es bergauf in Richtung Höhehäuser. Auf dem Passweg in 720 Meter Höhe stößt man auf uralte Wälle, manche bis zu vier Meter hoch. Wahrscheinlich gehörten sie zu einem Ringwall oder einer Fliehburg, wie man sie im Schwarzwald hier und dort antrifft. Ein paar Schritte entfernt taucht der Heidenstein, bei dem ebenfalls alte Grenzen zusammentrafen, auf: die der fränkisch-alemannischen Grafschaften Ortenau und Breisgau mit denen der Diözesen von Konstanz und Straßburg. Es war ein Leichtes, mir vorzustellen, wie in dieser Waldeinsamkeit mit vielerlei Waren beladene Hausierer auf alten Saumpfaden die Grenzen überwanden.

»Grenzen zu überwinden«: Auch darum geht es im Film »Die Kirche bleibt im Dorf«. Es ist die Geschichte der Dörfer Ober-

Drei Schwestern, ein Ziel: »Die Kirche bleibt im Dorf«

rieslingen und Unterrieslingen, die in einer Dauerfehde liegen, weil sie sich die Kirche in Oberrieslingen und den Friedhof in Unterrieslingen teilen müssen.

Ich spiele Maria Häberle, die mit Vater und Schwestern eine Wirtschaft betreibt, in der sich eines Tages ein amerikanischer Millionär einnistet. Der will partout die Kirche kaufen, weil er darin einen wertvollen Schatz vermutet. Geld regiert die Welt, auch in Oberrieslingen, daher stimmt der Gemeinderat hocherfreut zu. Die Leute aus der verfeindeten Nachbargemeinde sehen die Sache naturgemäß anders, und so kommt es, wie es kommen muss, der Streit eskaliert. Die Unterrieslinger lassen sich sogar ein Wunder einfallen, um den Verkauf zu verhindern, doch mit der plötzlich blutenden Marienfigur treiben die gerissenen Oberrieslinger nur den Preis in die Höhe. Als sich Ulrike Grote die Geschichte einfallen ließ, hatte sie kein reales

Beispiel vor Augen, trotzdem wird klar: Oberrieslingen gegen Unterrieslingen kann überall sein. In Baden-Württemberg ohnehin. Da ließ man sich Anfang der 1970er-Jahre eine Gemeindereform einfallen, um in der Verwaltung ein bisschen Geld zu sparen. Dabei wurde das badische Villingen mit dem württembergischen Schwenningen zwangsvereinigt, ein bis dato einmaliger Vorgang. Die Rivalität zwischen den beiden Städten und ihren Einwohnern war groß, bis sich manche daran erinnerten, dass Grenzen vor allem in den Köpfen existieren. Sowohl Villingen als auch Schwenningen besaßen Stadtteile, die schon immer je nach Lust und Laune der jeweils Herrschenden den Besitzer gewechselt hatten. So gehörte Herzogenweiler einst zum Fürstentum Fürstenberg, kam dann zu Württemberg, danach zu Baden, dort zum Amt Hüfingen, später zu Villingen, wieder zurück nach Hüfingen, anschließend nach Donaueschingen, wieder zu Villingen und nun eben zu Villingen-Schwenningen. Der Stadtteil Marbach gehörte Vorderösterreich, dann Württemberg, anschließend Baden, während Mühlhausen im Besitz der Reichsstadt Rottweil war und Obereschach dem Johanniter-Malteserorden zugeordnet wurde. Rietheim war österreichisch, Tannheim nur wenige Kilometer weiter wieder fürstenbergisch. Weilersbach gehörte zur Rottweiler Bruderschaft, bevor es im Tauschhandel an Baden ging. Immer war der Nachbar gefühltes Ausland.

Auch in »Die Kirche bleibt im Dorf« findet Maria Häberle heraus, dass zwischen Oberrieslingen und Unterrieslingen seit Jahrhunderten gezankt wird und ähnlich wie bei »Romeo und Julia« der Streit ein Liebespaar in den Tod getrieben hat. Nun knüpft sie selbst zarte Bande zur verfeindeten Rossbauer-Sippe, und neue Hoffnung keimt, dass sich der Konflikt doch überwinden lässt. Grenzen sind dazu da, um irgendwann vergessen zu werden, und manchmal klappt das auch, wie das *Confinium Alemannorum* zeigt, Villingen-Schwenningen oder der Streit der Oberrieslinger gegen die aus Unterrieslingen.

DER KLANG VON HEIMAT

Heimat verbindet sich für mich mit dem Vertrauen,
mich auf einen Ort, seine Menschen und
seine Zeit einzulassen, bis sich mein Herzschlag
beruhigt und sich meine Atmung vertieft.

Harry Behr

Im Film »Tannbach« wird vor allem die Zeit nach der Kapitulation erzählt, die hüben wie drüben zunächst von einem bestimmt wird: vom Mangel an allem. Daran knüpfen auch die Erinnerungen meines Vaters an, wenn wir auf die Jahre nach 1945 zu sprechen kommen. Damals kehrte die Familie ins ausgebombte Stuttgart zurück. Dort wurde mein Vater kurz vor seinem siebten Geburtstag todkrank ins Spital eingeliefert. Der Grund war eine Bauchfellentzündung, hervorgerufen durch Mangelernährung. Ein jüdisch-amerikanischer Militärarzt namens Dr. Katzenberg rettete sein Leben. Er organisierte einen kleinen Geburtstagskuchen für den ausgemergelten Jungen und erlaubte ihm, den Punkt aus Zuckerguss hinter der Sieben zu naschen, mehr allerdings nicht. Nach seiner Genesung wurde mein Vater eingeschult, was nicht einfach war, denn die meisten Schulen lagen in Trümmern.

Währenddessen schlugen sich die Erwachsenen durch, so gut es ging. Opa hatte Glück, er konnte Englisch, was ihm schon in der Kriegsgefangenschaft zugutegekommen war. Nun wurde er Hilfsdolmetscher der amerikanischen Militärregierung, das brachte einige Vorteile. Abend für Abend streifte er durch die Büros und leerte sorgfältig die Aschenbecher. Den Tabak verkaufte er auf dem Schwarzmarkt und brachte genug Geld zusammen, um Anfang der 1950er-Jahre Privatdetektiv zu werden. Er gründete den Cannstatter Wachdienst, dessen Logo, ein gelbes Häuschen, bald überall zu sehen war. Für seine Angestellten kaufte er in Göppingen eine Ladung alter Polizeiuniformen, die er in der Badewanne schwarz einfärbte. Er zog die Fäden aus einem Büro in der König-Karl-Straße, und als immer mehr Aufträge kamen, stellte er meine Tante Inge und ihren Mann Rolf ein. Es gab tatsächlich alle Hände voll zu tun, denn die Menschen waren hungrig und arm, die Finger lang. Trotzdem fühlte sich Opa nicht ausgelastet. Er war ein umtriebiger Mensch, der alles organisieren konnte und überall Geschäfte witterte. Irgendwann verkaufte er den Wachdienst an die Konkurrenz, strich einen satten Erlös ein und setzte sich zu Hause an den Küchentisch, um ein Buch zu schreiben. Darin ging es um die Zeit in ihrer nicht linearen Form, um das Nichts und die Entstehung des Universums, um gekrümmte Räume und andere Dinge, von denen niemand etwas wissen wollte. Mein Vater hockte unterm Küchentisch und schmökerte in Comics, während Opa die Psychologen Freud und Jung zitierte, über Erzengel sprach und seinen Sohn fragte, ob er bei allem auch zuhörte. Da antwortete Vater mit einem überzeugenden »Ja« und achtete von nun an darauf, sein Comicheft so lautlos wie möglich umzublättern. Opa füllte Seite für Seite mit magischen Zahlenreihen, da er davon überzeugt war, damit den Hauptgewinn im Toto abzuräumen.

Als Jahre später meine Schwester und ich ins Spiel kamen, hatte er noch immer nichts gewonnen, war aber weiterhin von den Kräften der Telepathie, der Hypnose und der Magie überzeugt. Er schickte uns aus dem Zimmer mit der klaren Order, an einen bestimmten Gegenstand zu denken, den er anschließend erraten wollte. Es klappte nie. Dafür blieb er ein geschickter Geschäftsmann der unter der Hand mit Diamanten und mit Autos handelte, und der bereits in den 1960er-Jahren Telefonverstärker verkaufte. Dafür zog er seinen Sohn unterm Tisch vor, kleidete ihn in einen weißen Arztkittel und gab ihn als »technischen Assistenten« aus. Zusammen zogen sie von Haus zu Haus, um Opas Verkaufsschlager, den Telefonverstärker, der gleichzeitig Gegensprechanlage und Mithörapparat war, an den Mann zu bringen. Außerdem verhökerte er Entwässerungssysteme und Blitzableiter, bevorzugt im ländlichen Raum. Dort hielt er erschrockenen Bauern Tücher mit Brandflecken unter die Nase, die scheinbar aus Häusern stammten, deren Besitzer so dumm gewesen waren, alle Warnungen vor der Gefährlichkeit von Blitzen in den Wind zu schreiben. Wahrscheinlich war es Großvaters aufgeweckter Geist, der ihn dazu brachte, Vater in eine Waldorfschule zu schicken. Da passte es gut, dass im Jahr 1919 in Stuttgart die erste Schule dieser Art von Rudolf Steiner gegründet worden war. Der Pädagoge, Mitbegründer der anthroposophischen Medizin und der biologisch-dynamischen Landwirtschaft hatte in der Stadt mehr Unterstützung gefunden, als er es von anderswo gewohnt war. Doch nun, nach dem Krieg, musste man auch hier erst den Neuanfang wagen. Opa gefiel die Idee, seinen Sohn in eine Schule zu schicken, wo es kein Sitzenbleiben gab, dafür schöpferischen Unterricht, der sich mit mehr beschäftigte als dem Alphabet und dem kleinen Einmaleins. Es war ihm nicht zu viel, Vater hinaus ins Remstal zu schicken, bis nach Winterbach, wo er der neunte Schüler einer frisch gegründeten Waldorfschule wurde. Dort blieb er die gesamte Schulzeit, machte seinen Abschluss und wurde zwei Tage später zum Wehrdienst einberufen, was sicher nicht im Sinne eines Rudolf Steiner gewesen ist.

Die Sache ist schon eigenartig: Beim Schreiben dieser Zeilen wird mir erst richtig klar, wie viele Anforderungen das Leben doch an uns stellt – und wie gut wir Menschen darin sind, Lösungen für alle Arten von Problemen zu finden. Gewiss, ich bin von Haus aus Lebensoptimistin. Ein Glas ist bei mir immer halb voll und nie halb leer. Und ich liebe es, den Tag mit Aufgaben zu füllen; wer einmal meinen Schreibtisch gesehen hat, weiß, da wird geklotzt und nicht gekleckert. Arnold Schwarzenegger, der einstige Weltklassesportler, höchstbezahlte Schauspieler Hollywoods und Gouverneur von Kalifornien, schreibt in seinen Lebenserinnerungen »Total Recall«, wie er sich als Student an der University of California die Zeit nahm, regelmäßig fünf Stunden pro Tag zu trainieren, vier Stunden Schauspielunterricht zu nehmen und mehrere Stunden auf dem Bau zu schuften, um das alles zu finanzieren. Viele Jahre später, nach einer Privataudienz bei Johannes Paul II., kam er ins Grübeln. »Der Papst«, erzählt er, »stand morgens um fünf Uhr auf, las Zeitungen in sechs Sprachen, machte 200 Liegestütze und 300 Sit-ups, und das alles vor dem Frühstück. Er war 27 Jahre älter als ich, und ich sagte mir, wenn dieser Mann das schafft, muss ich noch früher aufstehen.«

Auch uns Schwaben sagt man nach, eher früher als später aufzustehen und eher später als früher den Arbeitstag zu beenden, und auf mich trifft das Klischee zu. Ja, hiermit bekenne ich, ich bin eine *schaffige* Schwäbin, und das gefällt mir. Man darf übers Schaffen bloß nicht die Lebenslust verlieren, wie es im »Lied der Schwaben« postuliert wird: »Wo sich die Menschen pausenlos mit ihrer Arbeit quälen«, so werden da die Bewohner meiner Heimat beschrieben, und dann geht es weiter: »Wo jeder auf sein Häusle spart, hat er auch nichts zu kauen, und wenn er 40, 50 ist, dann fängt er an zu bauen! Doch wenn er endlich fertig ist, schnappt ihm das ...« Gut, dabei belassen wir es und ersparen uns Details. Ich lege jedenfalls keinem ans Herz, dieser Philosophie nachzueifern, auch wenn der eine oder andere Hinweis im »Lied der Schwaben« durchaus seine Berechtigung hat. Schließlich wurde der erste Vorläufer einer modernen Bausparkasse, die »Gemeinschaft der Freunde«, 1921 in Wüstenrot gegründet, einem Weiler mitten im Schwäbischen Wald. Das *Häusle bauen* gefällt uns, aber es gefällt auch allen anderen. Nach einer Studie von Infratest träumen 71 Prozent aller Deutschen vom Eigenheim und sind bereit, durchschnittlich 400.000 Euro dafür hinzublättern.

Ähnliches habe ich auch getan, als ich an dem Ort, der mir zurief: »Schlage Wurzeln in mir«, das alte Landgut erwarb. Es sind mehrere Häuser, die sich alle in einem erbärmlichen Zustand präsentierten. Die Dächer teilweise eingestürzt, die Wände schief und krumm, Wasser gab es nur zeitweise. Dafür eine Landschaft, wo der Blick weit schweifen kann, die aussieht, als habe sie sich nicht verändert, seit Gott sie erschaffen hat. Und eine Bummelbahn, die ganz in der Nähe vorbeituckert und früher sogar eine hauseigene Haltestelle bot. Außerdem gibt es Geschichten ohne Ende, gepaart mit Arbeit ohne Ende. Bei der Entkernung der Gebäude erzählte man mir davon, wie die Vorbesitzer zu DDR-Zeiten improvisieren und sich mit dem Mangel arrangieren mussten. Ein System der Lücken, das immer neue Lücken schuf. Nun lernte ich an diesem Ort selbst zu improvisieren, zu planen und zu verwerfen und neu zu planen, zu mauern, zu zimmern, mich mit unwilligen Handwerkern zu streiten und mit Willigen an Gelungenem zu erfreuen. Ich weiß nun, wie sich ein Stromschlag anfühlt, wenn blanke Leitungen hinter bröckeligem Verputz verborgen sind. Ich streiche und putze, putze und streiche, mal das eine, mal das andere, seit Jahren schon. Zu Beginn, mein Sohn Jacob war gerade ein paar Jahre alt, nächtigten wir in Schlafsäcken im einzigen Zimmer, das trocken war. Für ihn wurde der Hof zum Abenteuerspielplatz, zum Ort, wo er lernte, gemeinsam mit seinen

Jacob und Marinus in den Wäldern Brandenburgs

Eltern anzupacken und die Schönheit des Lebens zu erfahren. Wenn im Frühjahr und Herbst die Vogelschwärme einfallen, versammeln sich auf den Feldern rund ums Haus Abertausende Kraniche, Wildgänse, Enten und Schwäne. Jacob, Robert und ich stehen staunend am Fenster. Auch nach unserer Scheidung ist das Haus immer gemeinsamer Treffpunkt geblieben. Oft ist dann auch Marinus, der etwa gleichaltrige Sohn meiner Schwester Verena, mit dabei. Ich frage mich, ist das nun der Ort, den unser Junge einmal Heimat nennen wird? Weil er hier Erinnerungen sammelt, weil er hier Natur erlebt und den Genuss der Freiheit, weil er hier lernt, entdeckt und spielt? Dann gehen meine Gedanken auf Reisen, zurück in meine Kindheit, die ganz anders war, aber in manchen Dingen doch ähnlich.

Auch meinen Eltern war es wichtig, uns die Natur nahezubringen sowie den Geschmack von Freiheit. Selbst als sie nicht mehr zusammen waren, packte uns mein Vater oder meine Mutter ins Auto, und schon ging es los, mit dem Grenzenüberwinden und dem Kennen- und Schätzenlernen des Andersseins der anderen. Ging es mal in die Hose, weil ein französischer Bauer uns Wildcamper mit unverständlichen Flüchen und ei-

Nati und ihr Vater auf der Insel Brač, 1969

nem Knüppel in der Hand von seinem Feld vertreiben wollte, lachten sie, und wir Kinder lachten mit. »Freiheit«, sagte mein Vater dann, »ist dort, wo das Lachen ist.«

Gingen wir abends aus, setzte ich mich zu wildfremden Menschen an den Tisch. »Was esst ihr da?«, fragte ich und: »Schmeckt's?« Ich steckte voll ehrlicher Neugierde und Wissensdurst und erntete daher nie ein böses Wort. Selbst dann nicht, wenn ich für echte Aufreger sorgte, wie auf der Insel Brač im heutigen Kroatien. Zwei Jahre war ich alt, als ich beschloss, alleine, nackt und bloß, aber mit meinem orangefarbenen Köfferchen in der Hand, in die Fremde zu ziehen. Meine Eltern schauten einmal zur Seite, schon war ich weg. Als die Suchaktion begann, saß ich längst zwei Dörfer weiter bei einem Großmütterchen in ihrem Haus, war in die hiesige Tracht gekleidet und aß Cobanac, eine Art Hirteneintopf, aus einer hölzernen Schüssel. Der Sohn meiner Wahloma hatte mich aufgegabelt, zu seiner Mutter ins Haus gebracht, um dann sofort wieder aufzubrechen, um die Eltern ausfindig zu machen. Als er sie fand, waren sie völlig aufgelöst, aber was meine Mutter am meisten schockierte, erzählte sie mir später, war meine Seelenruhe. Offenbar hatte ich mir eine neue Heimat ausgeguckt, zumindest für einen halben Tag lang, was meine Eltern später zu der Einsicht brachte: »Kein Wunder, dass aus dir eine Nomadin wurde.« Allerdings eine, die mit glühendem Herzen an Landschaften denkt, die ihrer Genetik entsprechen: das blaue Band der Schwäbischen Alp im letzten Licht der Abendsonne. Die Silhouette von Schwäbisch Gmünd vor den aufragenden Dreikaiserbergen. Der Blick vom Belchen, diesem buckligen Grasriesen, hinüber in die Schweiz und nach Frankreich zu seinen Namensvettern: dem Belchen im Jura, le Grand Ballon, le Petit Ballon und le Ballon d'Alsace in den Vogesen. Mithilfe dieser vier Berge bestimmten unsere keltischen Vorfahren die Sonnwendtage und schufen sich einen exakten Kalender. Burg Hohenzollern über allen Nebeln liegend, mitten im Herzen von Baden-Württemberg und doch, geschichtsverwirrend wie so vieles in der deutschen Historie, Stammsitz des preußischen Königshauses.

Oft träumte ich davon, ein Vogel zu sein, und als ich Hans kennenlernte, war es fast so weit. Die Eltern einer Freundin verbrachten die Wochenenden oft im Weiler Marschalkenzimmern, auf der Hochebene gelegen, die den Neckar vom Schwarzwald trennt. Außerhalb des Ortes gab es eine Blockhaussiedlung, umgeben von Wäldern und Wiesen. Dorthin nahmen sie mich mit, und Hans und ich wurden im schönsten Teenageralter zu besten Freunden. Er wohnte mitten im Dorf, hatte Pferde, holte mich zum Reiten ab, zeigte mir seine Brieftauben, die er hegte und pflegte, und entlockte mir den ersten Kuss. Kam am Sonntagabend der große Abschiedsschmerz, weil ich zurück nach Stuttgart fuhr, während er in diesem kleinen Ort mit dem langen Namen blieb, gab er mir eine der Tauben mit. In Cannstatt schrieb ich ihm einen Brief, stieg hoch aufs Dach und ließ die Taube fliegen. Lange sah ich ihr nach, wie sie höher und höher stieg, ihren Kurs Richtung Westen einschlug und irgendwann aus meinem Blick verschwand. Dann flog ich mit ihr, folgte dem Neckar in Richtung seiner Quelle, denn am blauen Band dieses Flusses, hatte mir Hans erklärt, wird sie sich orientieren. In meinen Augen standen Tränen, gleichzeitig hörte ich mich lachen, weil ich mich an die Worte meines Vaters erinnerte: »… Freiheit ist dort, wo das Lachen ist.«

Auf meinem Bauernhof, der langsam, aber sicher die Gestalt annimmt, die ich mir wünsche, höre ich meinen Sohn häufig lachen. Wenn dieser Ort seine Heimat wird und sein Zuhause, kann er nicht schöner klingen.

DER KINDERHIMMEL

Bis zu dem Zeitpunkt, als ich nach vielen Jahren wieder nach Rottweil zog, war die Stadt für mich Heimat der Kindheit gewesen. Jetzt musste ich erkennen, dass es viele Bereiche gab, die meinem Bedürfnis nach Freiheit und Klarheit nicht entsprachen. So blieb nur noch das Gefühl von Heimat in Verbindung mit einem Haus, dem Garten, den Wegen dorthin. Ich war froh, in meine zweite Heimat nach Stuttgart zurückkehren zu können. Stelle ich mir vor, was der Heimatverlust für Menschen bedeutet, die als Asylsuchende alles verloren haben, sich als Minderheit in einem Land zurechtfinden müssen, das weder ihre Sprache noch ihre Religion noch ihre Hilflosigkeit richtig verstehen mag, glaube ich, dass wir, um dem Begriff Heimat gerecht zu werden, tatsächlich Flüchtlinge befragen müssen.

Susanne Wörner

Im Jahr 1837 wurde im badischen Haslach im Kinzigtal ein Mann als Sohn eines Bäckers und Gastwirts geboren, den man viele Jahre später als gläubigen Kirchenmann, Revolutionär, Volksschriftsteller und Politiker feierte. Alles Attribute, die nicht so richtig zueinanderpassen wollen. Dazu zeigte er antisemitische Tendenzen und hatte mehrere uneheliche Kinder. In der Freiburger Altstadt war er der Pfarrer der Sankt-Martins-Kirche und führte von dort manchen heftigen Streit mit seinen Kirchenbehörden. In Hagnau am Bodensee rettete er durch die Gründung des Winzervereins den Weinbau vor dem Ruin und betätigte sich nebenher als viel gepriesener Wasserheiler. Er hasste Lärm, das »Knallen und Klepfen von Peitschen« war ihm ein Graus, ebenso die häufigen Ständchen, die man ihm zu allen möglichen Anlässen spielte. Er reiste viel, obwohl ihm die Nerven dabei Streiche spielten, sodass er sich in die Heilanstalt Illenau bei Rastatt einliefern ließ. Wegen Beleidigung von Staatsbeamten steckte man ihn in den Kerker, und manche seiner Schriften wurden beschlagnahmt und verboten. In Hofstetten, in der Nähe seiner Heimatstadt Haslach, verbrachte er im traditionsreichen Gasthaus »Drei Schneeballen« Jahr für Jahr seinen Urlaub. Gleich überm Dorf ließ er sich eine eigene Grabstätte errichten, und dort saß er, den Blick durchs Hofstetter Tal in Richtung Kinzigtal gerichtet und hinauf auf den Gipfel des Brandenkopf, schwelgend in Kindheitserinnerungen, die er seinen »Kinderhimmel« nannte.

Die Rede ist von Heinrich Hansjakob, der heute in weiten Teilen Badens und Württembergs noch präsent ist, ein Zweimeterhüne, zeit seines Lebens den breitkrempigen Hecker-Hut tragend, als Andenken an den charismatischen Anführer der badisch-demokratischen Revolution. Demokrat war er selbst durch und durch, doch vor allem preist man in unseren Tagen seine außergewöhnlichen Berichte über Land und Leute. Wenn man so will, tat Hansjakob, was heute ein versierter Dokumentarfilmer tut. Im Pferdewagen und zu Fuß drang er in den Schwarzwald vor, auf versteckten Pfaden zu einsamen Berghöfen, immer auf der Suche nach »Originalmenschen«, wie er besonders gewitzte und erzählenswerte Zeitgenossen nannte. Bei denen angekommen, zückte er Papier und Stift, stellte Fragen, machte Interviews. Als Pfarrer hatte er das Vertrauen der Leute, dank ihm wissen wir heute Bescheid über mächtige Bauernfürsten und einfache Tagelöhner, über handauflegende Sympathieheiler und arme Hausierer, über handfeste Waldmenschen wie den Fürsten von Teufelstein oder den philosophischen Theodor der Seifensieder und über die Frauen dieser Epoche wie Afra, die auf abgelegenen Höfen ihren Platz im Leben suchten.

Ich habe mich bei der ersten Lektüre in das Wort »Kinderhimmel« verliebt, weil auch ich meine Kindheit am Firmament geschrieben sah und weil der Begriff auch die Kindheit von Jacob ganz wunderbar beschreibt. Mein Kinderhimmel hatte viele Farben: die der Stadt, die des Landes, die des Meeres. Manchmal war er grün und blau zur selben Zeit, zum Beispiel wenn wir in der Bretagne waren und unseren kleinen Wohnwagen auf irgendeiner Obstwiese abgestellt hatten.

»Wir sind Nomaden, Nati«, sagte mein Vater. »Ein Campingplatz ist unter unserer Würde.«

Da schlug ich morgens die Augen auf, zog den kleinen Vorhang zurück und blinzelte verschlafen in die Landschaft. Gleich darauf war ich putzmunter, denn draußen unter Obstbäumen grasten Pferde. Pferde! Meine Schwester und ich brauchten nicht mehr zum Glücklichsein. Wo immer es möglich war, kletterten wir auf ihre Rücken und ließen uns davontragen, über französische Wiesen, spanische Strände, holprige Wege portugiesischer Dörfer. Selbst nachdem sich meine Eltern getrennt hatten, ging der Kinderhimmel nicht verloren, zumindest nicht, wenn wir unterwegs waren. Mit der neuen Lebensgefährtin meines Vaters unternahmen wir weiterhin ausgedehnte Reisen in den Süden Europas. Stießen wir dort hin und wieder auf einen unfreundlichen Bauern, der für Deutsche Worte übrighatte, die unserer Vergangenheit geschuldet waren, hielt mich das nicht ab, die Kunst der Aussöhnung zu üben. Mein Vater sagte im Angesicht eines zornesglühenden französischen *paysan*, »Nati, das ist dein Job«, und schon sah man mich dem Mann entgegenhüpfen. Bevor er den Mund öffnen konnte, schwärmte ich ihm in einer wilden Mischung aus deutschen und französischen Worten vor, wie schön seine Wiese sei, wie wunderbar leuchtend die Äpfel seiner Bäume, und dass meine Schwester und ich Pferde liebten, ob die da vorne vielleicht ihm gehörten? In den meisten Fällen erweichte ich sein Herz, oft hieß es: »Ihr könnt bleiben, so lange ihr wollt.«

Im Rückblick erkenne ich, wie sehr mich die Neugierde auf andere Menschen antrieb. »Le Bonheur est dans le Pré«, »Das Glück liegt in der Wiese«, heißt ein wunderbarer französischer Film aus dem Jahr 1995, in dem Michel Serrault einen ausstiegewilligen Klobrillenfabrikanten spielt. Ähnlich empfand ich unser Leben: Das Glück lag in der Wiese, und ich glaube fast, dass mein Vater, damals bereits ein viel beschäftigter Architekt, in den Wochen unterwegs nur allzu gerne aus Beruf und Alltag ausstieg. Schon früh hatte er mit einer Filmkamera geliebäugelt, im Format Super 8, das es seit Anfang der 1960er-Jahre gab. Als nach der Trennung von meiner Mutter Gudrun in sein

Leben trat, diese eines Tages im Toto gewann – etwas, das seinem Vater trotz aller magischen Bemühungen nie gelungen war –, kam nicht nur eine Kamera ins Haus, sondern auch ein lichtstarkes Objektiv von Schneider Kreuznach dazu. Von nun an war niemand mehr vor ihm sicher. Gerne legte er sich auf die Lauer, um uns in unbeobachteten Momenten zu filmen, und nahm damit etwas voraus, was man heute jedem Studenten beibringt. Du bist ein Voyeur und die Kamera dein heimliches Auge. Welche Familie mit filmendem Vater hat nicht oben auf dem Speicher vergessene Kisten mit Filmrollen gestapelt, auf denen der Staub der Jahrzehnte ruht? Darin verbergen sich Schätze! Ich hatte das Glück, dass mir meine Freundin, die Filmproduzentin Jutta Lieck, alle Super-8-Filme meines Vaters auf DVD überspielte. Nun sitze ich immer wieder bei mir zu Hause, lege eine der Silberscheiben ein und erfreue mich an Erinnerungen, die ansonsten verloren gegangen wären. Neulich wurde mir wieder einmal bewusst, dass jeder Filmschnipsel von Verena und mir auf Pferden, am Strand, vor dem Wohnwagen, auf den Dünen von Arcachon oder zu Hause unterm Weihnachtsbaum, eine Liebeserklärung meines Vaters an seine Töchter war. Ein siebter Sinn sagte mir, wenn Vater uns, wieder hinter einem Gebüsch verborgen, drehte, während wir Pferde für den Ausritt sattelten. Ich tat so, als merkte ich gar nicht, das er mich filmt, war aber ganz bei der Sache, um ihm eine Freude zu bereiten. Jeder Kameramann spürt den besonderen Kitzel, wenn seine Aufnahmen jenseits aller Durchschnittlichkeit liegen. Mein Vater drückte seine Liebe durch die Kamera aus, und wahrscheinlich ist das mit ein Grund, weshalb ich am Ende Schauspielerin wurde, denn das war die Wahl unserer Kommunikation, eine Verbindung, die ganz ohne Worte auskam.

Eine meiner engsten Lebensbegleiterinnen, die Regisseurin Sherry Hormann, mit der ich Filme drehte wie »Frauen sind was Wunderbares«, »Irren ist männlich«, »Wenn Weihnachten wahr wird« oder »Blinde Liebe«, kann das besonders gut nachempfinden. Sie ist mit dem Kameramann Michael Ballhaus verheiratet, der in seiner Autobiografie »Bilder im Kopf« auf wunderbare Art und Weise diese spezielle Verbindung zwischen dem Menschen hinter der Kamera und dem davor beschreibt: »Der Kameramann entscheidet, welche Brennweite verwendet wird, denn es sind seine Augen, in welche die Schauspielerinnen schauen, wenn sie in die Kamera blicken, und das schafft beides: eine große Nähe und ein Machtverhältnis. Schauspielerinnen neigen dazu, dem Kameramann schöne Augen zu machen. Nicht nur, weil sie damit dem Kino selbst schöne Augen machen, weil der Kameramann das sieht, was am Ende alle sehen: den Blick einer Frau, der anscheinend nur für einen selbst bestimmt ist.« Ich selbst erlebe bei meinen Filmen, wie wichtig der Mann oder die Frau hinter der Kamera für mein Spiel ist.

Oft wird aus diesem Duo ein Trio, wenn Regie, Kamera und Schauspiel miteinander harmonieren, wie ich es kürzlich erst bei den Dreharbeiten zur ersten Folge der »Diplomatin« in Thailand erleben durfte. Dort wurde aus Regisseurin Franziska Meletzky, Kamerafrau Bella Halben und mir eine verschworene Gemeinschaft, die am Ende selbst die schwierigsten Aufnahmen und Situationen kreativ meisterten. Filme machen heißt, vorausschauend planen, um am Ende dann doch zu improvisieren, weil vor Ort die Gegebenheiten immer anders sind. Von all diesen Dingen wusste ich damals natürlich noch nichts, doch in der Kindheit müssen wir oft nichts *wissen*, weil wir es *spüren* können.

Eine meiner Lieblingsszenen vor der Kamera meines Vaters spielt in Paris. Damals filmte er mich tatsächlich in einem Augenblick, in dem ich nichts davon mitbekam. Wir waren in Frankreich unterwegs gewesen, und schon seit Tagen lagen Verena und ich ihm in den Ohren, unseren kleinen Nomadencamper Richtung Paris zu steuern.

»Ich will unterm Eiffelturm schlafen!«, bestürmte ich ihn. Was hätten andere Väter dazu gesagt? Einige wahrscheinlich nicht, was mein Vater antwortete: »Klasse Idee, Nati. Das machen wir!«

Wir fuhren an der Seine entlang über die Avenue de New York und wollten von dort auf die Pont d'Léna einbiegen. Noch vor dem Quai Branly machten ein paar Polizisten unserer Fahrt ein Ende. Ich war keineswegs enttäuscht darüber, dass sich mein Traum von einer Nacht unterm Eiffelturm nicht erfüllte. Immerhin schliefen wir ganz in der Nähe, und was noch mehr zählte, wir hatten es versucht, darauf kam es an. Außerdem bezauberte mich Paris vom ersten Moment und verschaffte mir eine Art Heimatgefühl, das Jahre später zurückkam, als ich mich hier häuslich niederließ. Vielleicht lag es an der vitalen Lebendigkeit, die hier an allen Ecken und Enden sprudelte. Paris war zu jener Zeit eine der modernsten Metropolen der Welt. Renzo Pianos Kunst- und Kulturzentrum, das Centre Georges Pompidou war der jüngste Clou in einer Stadt, die sich mit Volldampf auf das 21. Jahrhundert vorbereitete. Das Pompidou war am nächsten Tag auch unser erstes Ziel. Ganz oben im Gebäude bezogen wir Stellung, und mein Vater zeigte Verena und mir, wie sich die Menschen auf dem Platz immer wieder zu nahezu konzentrischen Kreisen zusammenfanden, ohne etwas davon zu ahnen, weil es nur von oben zu beobachten war. Fasziniert sahen meine Schwester und ich zu. Vielleicht nahmen die zahlreichen Artisten und Künstler auf die Zuschauerbewegungen Einfluss. Sie bauten sich mal hier, mal dort auf, um ihre Talente zu zeigen. Da gab es Feuerspucker, Jongleure und Musikanten, jeder von ihnen zog sein Publikum an. Doch mein Blick wanderte immer wieder zu einer Gestalt, die in seltsam abgehackten Bewegungen nicht von dieser Welt zu sein schien. »Darf ich runter und ihn mir anschauen?«, fragte ich meinen Vater. Der hatte nichts dagegen. Ich sauste die Treppenfluchten hinab und betrat den Bannkreis eines Künstlers, der mich zu faszinieren verstand. Er bewegte sich wie eine Gliederpuppe, wie ein Maschinenmensch, mit einer eigentümlichen Aura, die mich vollkommen absorbierte. Wahrscheinlich war er einer der ersten Pantomimen dieser Art, denn selbst die nicht so leicht zu beeindruckenden Pariser, die sonst alles schon einmal gesehen hatten, verharrten *bouche béante*, mit aufgesperrtem Mund. Da durfte ich mich selbst sehen, auf dem Film meines Vaters, der natürlich sofort nach der Kamera gegriffen hatte, als er sah, wie sein kleines Mädchen von der Schauspielkunst eines anderen Menschen ergriffen wurde. Auf dem Film sieht man mich noch immer völlig versunken auf der Erde sitzen, als der Mime längst weitergezogen war, und mit ihm die Zuschauer.

An diesem Abend war ich sehr still. Das war nicht weiter außergewöhnlich, ich hing oft meinen Gedanken nach und war in mich gekehrt. Doch in diesen Stunden befand ich mich immer noch im Bann des Maschinenmenschen vom Centre Pompidou. Ich kann heute nicht behaupten, dass damals die Idee entstand, selbst eine Mimin zu werden. Schließlich war das eine Welt, die meilenweit von meiner eigenen entfernt war. Trotzdem wurde an diesem Tag eine Saat gelegt, die zu Hause in Cannstatt einmal aufgehen sollte.

MATAS PUPPEN

Ich hatte nie eine Heimat, bin immer von einer Seite
des Atlantiks zur anderen gezogen. Erste Gerüche,
erste Schritte, erste Worte. Erste Berührungen.
Liebe. Und dann endlich wurde Heimat
zu einem »In-einem-selbst-Ort«.

Sherry Hormann

Reise ich durch die Welt und werde gefragt, wo ich denn herkomme, ernte ich auf meinen Vierklang, »Deutschland, Baden-Württemberg, Stuttgart, Bad Cannstatt«, spätestens beim Wort Stuttgart ein »ach so, Mercedes, Porsche, Bosch«. Ganz nach Lust und Laune schicke ich dann ein paar weitere Namen von Unternehmen hinterher, mit denen meine Heimat im Ausland zu punkten versteht. Mitunter kommt es zu einem Gespräch über Erfindergeist und Innovationen, über Tüftler und Denker. Ist mir danach, verschaffe ich manch einem meiner Gegenüber eine rötliche Gesichtsfarbe mit meinen Ausführungen. Denn wir haben beileibe nicht nur das Auto und die Zündkerze erfunden, sondern auch den industriell gefertigten Büstenhalter, und der *Prima Donna* gibt den Damen noch heute Halt und Stütze. Ebenso gerne führe ich die Rechenmaschine an, die Öchslewaage, die Brennstoffzelle, das Taxi, den Leitzordner, den Teddybären, den Skilift, die Dauerwelle, den Fliegenfänger, das Brausepulver, den Hochdruckreiniger, die Windkraftanlage, die Stretchjeans, die Funkuhr, Neutralseife, die Spätzlepresse, Benzinmotorsägen, und – mit Freude in der Stimme – Seifenblasen von Pustefix. Nur über die Schwarzwälder Kirschtorte spreche ich nicht, denn im Gegensatz zur landläufigen Meinung stammt die nicht von hier, sondern wurde von Bäckermeister Josef Keller im fernen Bad Godesberg kreiert. Für den schönen Rest gebe ich gerne die Botschafterin. Schließlich bedeutet jede Erfindung Lohn und Brot für eine Vielzahl von Menschen, das war zu Gottlieb Daimlers Zeiten so und ist heute nicht anders. Arbeiten im Großraum Stuttgart mittlerweile eine Vielzahl junger Leute für Filme *Made in Hollywood*, weil man es hier bestens versteht, die aufwendigen Filmtricks anzufertigen, muss keinem darum bange sein, dass meinen Landsleuten der Ideenreichtum ausgeht. Dabei machen sie ihren Job in der Regel, ohne die Sache an die große Glocke zu hängen. »Hälenga«, sagen wir dazu, ein uralter Ausdruck, der schon in Grimms Wörterbuch zu finden ist und nichts anderes als »heimlich« bedeutet. Wen wundert es daher, dass Baden-Württemberg eine Vielzahl von *hidden Champions* aufzuweisen hat, die sich ganz *hälenga* Weltmarktführer oder Technologieführer nennen, wovon aber nur die wissen, die davon wissen sollen.

»Wir bauen Maschinen, die keiner auf der Welt bauen kann«, erzählte mir kürzlich ein Unternehmer. »Ultrapräzise, im wahrsten Sinn des Wortes. Wir interessieren uns fürs My, für den tausendstel Millimeter.« Dann stellte er mir einen seiner Mitarbeiter vor, ein Mann, der My-Finger habe und damit in Bereichen präzise arbeiten könne, in denen eines meiner Haare ein dicker Balken sei.

»Von solchen Leuten gibt's einen unter einer Million«, sagte der Firmeninhaber nicht ohne Stolz und verwies darauf, dass wir zwar im Zeitalter der Roboter leben, aber es noch immer Menschen mit ihren Fertigkeiten sind, die gesucht werden, und das oft händeringend.

»Bei uns arbeiten sie gerne«, fuhr er fort und wies mit dem Finger aus dem Fenster seines Büros über Wiesen und Wälder, »weil sie *das da* zu schätzen wissen.«

Es war klar, was er mit *das da* meinte. Das Gefühl von Heimat. Darin verborgen ein ganz besonderer Duft, ein Zusammenhalt, eine Sprache. Das genieße ich auch, wenn ich in Berlin mit schwäbischen Freunden zusammen bin. Bei meiner Freundin, der Schauspielerin Ursula Karven zum Beispiel, oder bei Udo Walz, bei denen ich immer wieder den einen oder anderen schwäbischen Mitstreiter kennenlerne, oft in der Küche, beim

Spätzleschaben. Einer von ihnen, der Besitzer einer Spedition aus Ditzingen, rief mich Tage später an. Gott sei Dank schwätzte er schwäbisch und nicht dieses schreckliche Honoratioren-Schwäbisch welches sich der Personenkreis zugelegt hat, der sich wegen seines Dialekts schämt. Nein, mein Anrufer schwätzte, wie ihm der Schnabel gewachsen war, und das hörte sich so an (bitte laut lesen):

»Waisch', Natalia, des han' ich dir in Ursulas Küche gar net g'sagt, aber ich find' dich jo' scho' richtig guat. Grad' deshalb denk' ich, dädsch du zu uns passa'.«

So geht die schwäbische Charmeoffensive. Da kommt man auf den Punkt, ohne um den heißen Brei rumzuschleichen. Ich lachte. »Und was isch' 'es, zu dem ich passa däd?«, wollte ich wissen.

»Na, unsere Babbelrunde.«

Und damit lernte ich Stephan Hewel erst so richtig kennen. Der war mit dem damaligen Ministerpräsidenten Oettinger nach Südafrika gereist und war dort bei den Xhosa zu Gast gewesen. Bei denen sitzen die Männer ums Feuer herum und besprechen ihre Angelegenheiten, was Hewel im Flieger zurück in die Heimat zu dem folgenreichen Satz verleitete: »So etwas brauchen wir auch. Eine Art Feuer, an dem sich die Männer treffen.« So entstand ein Anachronismus im schwäbischen Kulturkreis, weil in der bald darauf ins Leben gerufenen *Babbelrunde* gestandene, schwäbische Geschäftsleute zusammenkommen, um zunächst einmal nichts zu schaffen, sondern um zu *babbeln*. Zu schwätzen. Sich zu unterhalten. Nun ja, dabei wird dann kräftig »genetzwerkt«, also am Ende doch wieder geschafft. Das allein würde mich nicht vom Hocker hauen, zumal Frauen an diesem Feuer unerwünscht sind. Doch da ist noch eine ganz gewisse Sache. Jedes Mal, wenn sich die

Babbelrunde einmal im Monat trifft, legen alle Geld auf den Tisch. Gut 6000 Euro kommen bei so einer Gelegenheit zusammen. Die werden nicht in Alkohol umgesetzt, wie man das aus manchen Männerkreisen kennt, nein, es wird abgestimmt, welche soziale Einrichtung das Geld brauchen kann. Schon am nächsten Tag fährt einer hin und übergibt dann Bares. Das kann die Vesperkirche in Stuttgart sein oder die gemeinnützige Tafel in Winnenden, ein Kinderheim oder eine Schule. Das Geld fließt ohne Bürokratie, ohne Abzüge, ohne Aufhebens darum zu machen. *Hälinga* halt. Macht einer der *Babbelrundler* mit einem anderen Geschäfte, wird nochmals gespendet. Am Ende des Jahres stehen Pi mal Daumen weitere 70.000 Euro zur Verfügung, und auch diese Summe landet unbürokratisch bei Bedürftigen. So etwas mag ich. Auch wenn ich Stephan Hewel und seine Babbelfreunde immer ein wenig piesacken muss – »und, habt ihr immer noch Angst vor Frauen?« –, unterstütze ich gerne dieses direkte soziale Engagement. Einmal fiel der Satz: »In Heimat muss man investieren«, und damit waren weder Maschinen noch der Fuhrpark gemeint. In Heimat investiert man, was man investieren kann. Die einen Geld, die anderen Zeit, die Dritten Liebe oder am besten eine Kombination aus allem. Das ist eine Sache, die das Verhältnis der Baden-Württemberger zu ihrem Land definiert. Sie sind bereit, etwas zu geben. Sie sind aber auch bereit, dafür zu kämpfen, wenn sie der Ansicht sind, dass für manche Leute ihre Heimat nur noch die Form eines Geldscheines ist. Dann gehen sie auf die Straße, und der Rest der Republik staunt über renitente Südwestler. Wir staunen nicht, da wir unsere Geschichte kennen. Wir wissen um die Kämpfe der Salpeterer im Südschwarzwald im 17. Jahrhundert, denen es damals bereits um bäuerliche Selbstverwaltung ging. In die gleiche Kerbe hieben die schwäbischen Bauernaufstände wie der »Arme Konrad«. Und natürlich die badische Revolution für Demokratie – das alles fand in einem Land statt, das sich heute Baden-Württemberg nennt, damals aber ein Sammelsurium unterschiedlicher Kleinstaaten war. Was sie gemeinsam hatten, war der Dickkopf des Volkes, wenn es um Freiheit und Selbstbestimmung ging.

Auch deshalb war ich Feuer und Flamme, in der Verfilmung von Ken Folletts »Säulen der Erde« die Rolle der Heilerin Ellen zu übernehmen. Eine Frau, die sich mit der übermächtigen Kirche anlegt, die draußen im Wald mit ihrem Sohn Jack ums Überleben kämpft, die niemals den Kopf vor den Herrschenden beugt. Das war auch eine Verneigung vor meinen Landsleuten, die in solchen Situationen schon häufig Haltung und Würde bewiesen haben. Es ist ja schwer festzustellen, wer zu wem kommt, die Rolle zur Schauspielerin oder umgekehrt. Doch in all den Jahren wurde mir immer wieder aufs Neue klar, dass nicht das Prinzip Zufall dahinterstecken kann.

Seither widme ich meine Rollen wichtigen Menschen in meinem Leben. Das mache ich für mich, ohne es im großen Kreis herumzuerzählen, ich mache es *hälinga*. Bei »Tannbach« gedachte ich Großmutter Mata, da mein Film-Ehemann Georg denselben Namen trug wie ihr im Krieg gefallener Mann. Für meine Rolle der Gräfin Caroline von Striesow ließ unser Szenenbildner Knut Löwe ein Porträt anfertigen, das in dem Gut aufgehängt wurde, welches uns als Studio diente. Am Tag meiner Ankunft spazierte ich nichts ahnend durch die Räume und stand unverhofft davor. In aller Deutlichkeit wurde mir klar, wie sehr ich meiner Großmutter gleiche. Fotos können nicht

Am Set von »Tannbach« vor dem Porträt von Caroline von Striesow

zeigen, was ein Gemälde auszudrücken vermag. Der Maler hatte ein Bild von mir erschaffen und zugleich eines von Mata. Die Widmung des Films hätte nicht passender sein können.

Als mein Vater, meine Schwester und ich damals aus dem Frankreichurlaub zurückgekehrt waren und Verena und ich wieder mitten im Schulalltag steckten, kehrte ich tagträumend oft zum Maschinenmenschen vom Centre Pompidou zurück. Er wollte mich nicht loslassen, und eines Tages erzählte ich Mata davon. Wenn jemand etwas davon verstand, sagte ich mir, dann sie. Vielleicht konnte sie mir verraten, wie ein Mensch sich so geschickt bewegen konnte, als sei er von unsichtbaren Fäden gehalten. Ein feines Lächeln spielte um den Mund meiner Großmutter, während sie sich geduldig meinen Bericht anhörte. Es war, als hätte sie nur auf diesen Augenblick gewartet, als sei sie sicher gewesen, dass er irgendwann kommen würde, und jetzt war es so weit. Ihre Enkelin begann sich

Unter ständiger Beobachtung: Nati und Großmutter Mata

dafür zu interessieren, was ihr eigenes Leben ausmachte: das Spiel der Puppen am Faden. Wie zufällig zauberte sie eine der Marionetten hervor, an deren Bekleidung sie schon seit Wochen arbeitete. Sie zeigte mir das Kreuz, mit dem der Spieler die Puppe bewegen konnte, und die hauchdünnen Fäden, die fest genug waren, auch ruckartige Bewegungen durchzuführen. Das Hauptaugenmerk legte sie auf die Puppe selbst. Natürlich sah ich nicht zum ersten Mal eine dieser Marionetten. Sie waren überall in Matas Wohnung zu finden, und nicht alle von ihnen waren schön, zumindest nicht für kleine Mädchen. Manche hatten geisterhafte Gesichter, andere wirkten wie aus einem Wurzelstock geschlagen. Es gab aber auch Prinzessinnen und Elfen.

Besuchte ich Mata, saß sie meist an ihrer Nähmaschine, eine von denen, deren mechanischer Antrieb mit den Füßen geregelt wurde. Dort unten kuschelte ich mich gerne zusammen, sah ihren wippenden Füßen zu, lauschte dem Klappern der Nähnadel und dem feinen Geräusch des sich abspulenden Fadens. Trotzdem hatten mich die Marionetten bisher nicht in ihren Bann schlagen können, doch nun lagen die Dinge anders. Es war, als hätte sich eine Tür geöffnet und ich würde in einen Raum spähen, der sich bisher vor meinen Augen verborgen hatte. Darin waren fantastische Geschöpfe versammelt, die lieben und lachen konnten, streiten und kämpfen, ganz wie wir Menschen. Doch lebten sie nur, solange ein Spieler an den Fäden zog. Andernfalls waren sie tot, lagen ungelenk und plump am Boden. Bisher war ich blind gewesen für die Idee, die hinter dem Marionettenspiel steckt, doch der Maschinenmensch vom Centre Pompidou hatte mir einen Impuls gegeben.

»Was ist, wenn auch wir nur Marionetten sind?«, fragte ich. Matas Gesicht wurde ernst. »Daran erinnert das Puppenspiel: Der Mensch glaubt, er handelt aus freien Stücken. Doch wir hängen alle an irgendwelchen Fäden.«

Damals konnte ich nur ahnen, dass sie auch von denen sprach, die ihr eigenes Leben beeinflussten. Manchmal sprach sie von ihrer Mutter, die als junges Mädchen auf einem Schiff nach Argentinien gereist war, um dort bei einer reichen Familie als Kindermädchen zu arbeiten. Die deutschstämmigen Kirchners gehörten zur Hautevolee von Buenos Aires und hatten ihre einzige Tochter Mercedes getauft. Meine Urgroßmutter kümmerte sich um sie und hatte sich dabei wohl in Land und Leute verliebt, denn sie kam nur ungern wieder zurück nach Deutschland. Was sie mitbrachte, waren die Sägezähne eines Sägerochens, unzählige Geschichten über das Land am Rio de la Plata und der Wunsch, selbst ein großbürgerliches Leben zu führen. Dafür sollte es nie reichen, doch war genug da, um ihre Tochter auf die Modeschule nach München zu schicken, als die Zeit dafür reif war.

Aus Mata wurde nie eine Designerin, denn sie interessierte sich für andere Dinge, und wer weiß, ob nicht die besonderen Umstände ihrer Heimatstadt mitspielten. Die Familie lebte in Rottweil, der ältesten Stadt Baden-Württembergs. Wer heute als Spaziergänger durch die Straßen und Gassen Rottweils flaniert, fühlt sich mitunter in eine der alten Schweizer Städte versetzt. Was kein Wunder ist, hatten sich die Rottweiler im 16. Jahrhundert doch der Schweizerischen Eidgenossenschaft angeschlossen. Ein Bund, der nicht ewig hielt, aber Spuren hinterließ. Es ist ein typisches Merkmal für den deutschen Südwesten, dass Grenzen und Bündnisse stets fließend waren. Heimat beschreibt hier wie anderswo immer eine Region im Wandel, auch wenn das so mancher Zeitgenosse nicht wahrhaben will und sich an das klammert, was sich niemals festhalten lässt. Heimat ist wie Sand, der durch Finger rieselt. Daher brauchen wir Traditionen, die in der Lage sind – Ken Follett würde sagen, wie die Säulen der Erde –, den rieselnden Sand zu verfestigen.

In Rottweil ist es die Fasnet, die Zusammenhalt schafft. Der Narrensprung ist berühmt, und es gibt tatsächlich kaum etwas Schöneres, als am Fastnachtsmontagmorgen um acht Uhr bei klarem Himmel und klirrender Kälte über 4000 Rottweiler Narren aus dem Schwarzen Tor strömen zu sehen. Fernsehsender aus aller Welt übertragen die Bilder in die warmen Wohnstuben, doch am besten ist es vor Ort. Oder sagen wir, am zweitbesten. Am *allerbesten* ist es, selbst mitzumachen, was allerdings Einheimischen vorbehalten ist. Man muss Rottweiler sein, um ein Rottweiler Narrenkleid tragen zu dürfen, oder man ist ein »Glücksi«, wie es Jacob gerne ausdrückt, wenn er über Glückspilze spricht. *Vielleicht sollte ich ja gar nicht davon erzählen, schließlich isch die Fasnet 'a ernschde Sach'*, was ja richtig ist, denn nur in der Ernsthaftigkeit kann man auch lustig sein. »Heut wie vor Altem, so wird's gehalten«, schrieb sich die Rottweiler Narrenzunft auf die Fahnen, doch vielleicht drückt sie trotzdem ein Auge zu, wenn ich nun beichte, dass vor vielen Jahren unter der Larve eines Ronny Schantle niemand anders steckte als ich. Eine *Rei'gschmeckte*, zwar mit familiären Wurzeln, die aber nicht zurück ins 13. Jahrhundert reichen, als die Rottweiler Fasnet erste urkundliche Erwähnung fand. Darauf ist man zu Recht stolz, doch noch besser ist, wie die Rottweiler damit umgehen. Das ist nachahmenswert und wird sehr schön im Rottweiler Narrenmarsch ausgedrückt. Zur Musik von Heinrich von Besele hat Otto Wolf die sinnigen Zeilen getextet:

Auf, wachet auf, wachet auf,
Ihr alten Narren wachet,
Auf, 's bricht der Tag an,
Zieht Euch nur rasch an,
Denn, 's ist heut Fasnacht,
Die uns viel Freud macht,
Heut wie vor Altem,
So wird's gehalten.
Ja, solang noch ein Herz
In unserm Busen schlägt
Und solang noch Reichstadt Blut
Durch die Adern fließen tut,
Feiern wir Fasnacht,

Die Fasnacht in aller Pracht,
Halten hoch die Tradition,
Weichen niemals ab davon.
Jedem zur Freude
Und niemand zum Leide.

Gerade die letzten Zeilen haben es mir angetan: »Halten hoch die Tradition, weichen niemals ab davon. Jedem zur Freude und niemand zum Leide.« Heimat, wo immer sie ist, wer immer sie für sich beansprucht, lebt von Traditionen. Doch ohne »jedem zur Freude und niemand zum Leide« werden diese schnell fundamentalistisch. Das erleben wir in unseren Tagen auf der ganzen Welt. Heimatliebe ist ein Balanceakt, ein Ritt auf Messers Schneide, der gut austariert den nötigen Halt verschafft, ansonsten aber heftige Schwindelgefühle verursacht. Institutionen wie die Rottweiler Fasnet sind eine prima Gelegenheit, uns das immer wieder vor Augen zu rufen. Es gibt einige goldene Verhaltensregeln – die Frau Wörner zugegebenermaßen gebrochen hat, aber da war sie noch ein Kind –, und einige der schönsten will ich nicht vorenthalten. Von den Rottweiler Narren wird auf der Straße und im Wirtshaus »aufgesagt«, was bedeutet, dass die Verfehlungen der Mitbürger aus dem Narrenbuch verlesen werden. Dabei soll sich der Narr aber nicht »schütteln wie ein nasser Hund«, so will es die Regel, schließlich hört man auch so, dass er ein »Gschell« trägt. Zum Betzeitläuten Punkt 18.00 Uhr hat der Narr nach Hause zu gehen. Erst dort legt er das Narrenkleid und seine »Larve«, die Maske, ab.

Neben dem Schantle, unter dem ich einmal steckte, gibt es den Rottweil Narr, genannt das Gschell. Er trägt eine ausdrucksvoll geschnitzte Glattlarve aus Lindenholz, dazu 48 Glocken mit einem Gewicht von bis zu 20 Kilogramm. Sie erinnern an Eselsglocken, weil der Rottweiler Esel eine weitere schöne Tradition der Stadt am Neckar ist. Die Langohren brauchte man, um Korn hinab zu den Mühlen am Fluss zu bringen und das Mehl hinauf in die Stadt. Noch im 19. Jahrhundert durchzog von Rottweil aus ein Netz von Eselspfaden das ganze Land. Zu dieser Zeit soll ein Maler beauftragt worden sein, die Flucht Christi nach Ägypten auf die Stadtfahne zu malen. Dafür benutzte er Wasserfarben, nur für den Esel nahm er Öl. Als bei der ersten Prozession ein Regenschauer niederging, war sehr schnell nur noch dieser zu sehen. Einen Esel findet man in der Rottweiler Fasnet zwar nicht, dafür ein »Rössle«, einen »Guller«, den »Federahannes«, der virtuos auf einer zwei Meter langen Holzstange durchs *Städle* hüpft, das »Fransenkleid«, den »Biß« und den »Narrenengel«. Wie die meisten Rottweiler Familien war Mata bei der »Fünften Jahreszeit« immer mit dabei, doch hatte sie auch etwas für die Fasnetsgebräuche der umliegenden Gemeinden übrig. In der 30 Kilometer entfernten Industriestadt Schramberg gefiel ihr der »Hanselsprung mit Brezelsegen«. Dabei bringen Tausende von Maskenträgern rund 25.000 frisch gebackene Brezeln unters Volk, wenn dieses die Verse »*Hoorig, hoorig, hoorig isch dia Katz. Un wenn dia Katz nit hoorig isch no g'fällt se dene Meidle nit. Hoorig, hoorig, hoorig isch dia Katz.*« singt.

»Noch im 19. Jahrhundert«, wusste Mata, »war das eine bettelarme Gegend. Die durchschnittliche Lebenserwartung betrug keine 45 Jahre, die Kindersterblichkeit lag bei 30 Prozent. Man ernährte sich hauptsächlich von Mehlspeisen, Suppen, Brot, Gemüse und Kartoffeln, doch immer wieder kam es auch zu Hungersnöten. Damals entstand der Brezelsegen als eine

Art Volksspeisung. In Haslach im Kinzigtal erfanden die Leute den Storchentag. Als Mitte des 17. Jahrhunderts eine Ungezieferplage die Ernte zu vernichten drohte, baten die Haslacher um himmlischen Beistand. Ihr Flehen wurde erhört. In Scharen kamen Störche und fraßen das Ungeziefer auf. Seit damals werden zum »Sankt-Peters-Fest« die Kinder der Stadt beschenkt. Sie laufen hinter dem Storchenvater durch die Straßen, der mit einem meterlangen Stab an die Fenster klopft, aus denen die Bürger dann Brezeln und Obst reichen.«

Armut und Kinderarmut waren zu dieser Zeit allgegenwärtig. Der aus dem schwäbischen Landkreis Ostallgäu stammende spätere badische Staatspräsident Anton Geiß erinnert in seinen Memoiren daran, wie er im siebten Lebensjahr als Hirtenkind zu einem Bauern gebracht wurde, »um am elterlichen Tisch für mich das Essen zu sparen«. Dort musste er um vier Uhr morgens mit dem Vieh auf die Weide, häufig bis 22 Uhr abends. Schuhe gab es keine, wenn es regnete, war er den ganzen Tag »vollständig durchnässt«. Anton Geiß war eines der sogenannten »Schwabenkinder«. So nannte man Bergbauernkinder aus dem Vorarlberg, Tirol, Südtirol, der Schweiz und Liechtenstein, die durch die Alpen zu den Kindermärkten nach Oberschwaben zogen, wo sie dann als Arbeitskräfte nach Württemberg, Baden und Bayern vermittelt wurden. Mit diesem Thema beschäftigte ich mich intensiv, als ich zu Beginn meiner Karriere mit dem Allgäuer Regisseur Leo Hiemer den Film »Leni« drehte. Nach einer wahren Begebenheit in der Zeit des Nationalsozialismus erzählen wir die Geschichte einer Jüdin, die ihr Kind einer Familie im Allgäu gibt. Als sie flüchten muss, greifen Denunzianten, Mitläufer, Bürokraten und Obrigkeitshörige in Lenis Lebensschicksal ein.

In Schramberg wurden in späteren Zeiten Uhren gebaut. Mit den Gebrüdern Junghans sowie der Hamburg-Amerikanischen Uhrenfabrik befanden sich zu Beginn des 20. Jahrhunderts die beiden größten Uhrenfabriken der Welt im engen Tal und sorgten für einen einzigartigen Aufschwung. Ein Arbeiter verdiente bei einer Sechstagewoche rund 300 Mark, als Stallknecht waren es 21 Mark gewesen, als Lehrer rund 100 Mark. Man konnte sich auf einmal Kaffee leisten, der drei Mark das Kilo kostete, oder eine Rasur, die für 25 Pfennige zu kriegen war. Die Fabrikanten ließen sich burgartige Villen erbauen, es gab mehr Autos als in Berlin und auch mehr Telefonanschlüsse. Weil man gar nicht genug fleißige Hände bekommen konnte, wurden aus Italien Gastarbeiter geholt, dazu auf allen Bauernhöfen Männer und Frauen abgeworben. Weil diese, frisch aus dem Stall kommend, nun feinmechanische Arbeiten verrichten sollten, ließ Junghans das erste Fabrikhallenbad im Deutschen Reich bauen. Es diente der Sauberkeit und körperlichen Ertüchtigung. Bald arbeiteten 10.000 Menschen in der Firma, bei einer Einwohnerzahl von knapp 4.000 ein Quotient, der heute nirgendwo mehr erreicht werden kann. Alles drehte sich um die Uhr, was 1936 einige Schramberger Narren weidlich ausnutzten. Sie nannten sich »Junges Parlament« und saßen am Fasnetsmontag im traditionsreichen Gasthaus Bruckbeck, gleich neben dem Kirchenbach. Wurstsalat gab es, der sorgt im Südwesten mitunter für gute Ideen. Das »Junge Parlament« wollte einige Tausend Arbeiter von Junghans davon abhalten, nach der Mittagspause in die Firma zurückzukehren. So entstand die Idee, mit ein paar Zubern den eiskalten Bach runterzufahren, das sollte Spektakel genug sein, um die Leute neugierig zu machen. Der Plan ging auf. An diesem Tag arbeitete niemand mehr, die Maschinen standen still, keine Uhr wurde gebaut, die Zeit blieb stehen. Seither gibt es in Schramberg die Bach-na-Fahrt, inzwischen ein Spektakel mit 30.000 Zuschauern, die heute wie damals zusammen mit den Kanalfahrern singen:

Da Bach na, da Bach na,
mit Kummer un mit Sorga,
bis am Asch-, bis am Asch-, Aschermittwochmorga!

Da *Bach na*, das ist durchaus doppeldeutig zu verstehen. Heute arbeiten bei Junghans knapp 200 Leute, wie um zu beweisen, wie launisch und wandelbar Heimat doch sein kann.

Für Mata gehörten all diese Geschichten zum Erinnerungsschatz, den sie in den 1950er-Jahren mitnahm, als sie nach Stuttgart umzog. Dort gab es im katholischen Cannstatt zwar auch die Fastnacht, in der mehrheitlich protestantischen Hauptstadt allerdings nicht. Ihre Kenntnisse über liebevoll gefertigte Kostüme setzte sie nun in eine neue Kunstform um. Einer ihrer Cousins war Albrecht Roser, der bekannteste Marionettenspieler seiner Zeit. Seine Tourneen führten ihn mehrfach um die Welt, gleichzeitig brachte er seine Puppen auch ins Fernsehen, wie »Robbi, Tobbi und das Fliewatüüt«. In den 1980er-Jahren baute er in Stuttgart die Figurentheaterschule an der Staatlichen Hochschule für Musik und Darstellende Kunst auf und gründete das FITZ unterm Stuttgarter Tagblatturm. In all der Zeit wirkte Mata mit. Albrecht war keiner, der eine Sache dem Zufall überließ. Für seine beiden berühmtesten Marionetten, den »Gustav« und die »Strickende Oma«, schnitzte er über fünfzig Köpfe. Damals kleidete Mata den Gustav ein und fertigte in ihrer freien Zeit zauberhafte

Tücherpuppen. Bis weit in die 1980er-Jahre spielte Albert Roser im Linden-Museum, dem Staatlichen Museum für Völkerkunde am Stuttgarter Herdweg und dem zwischen Bohnenviertel und Leonhardskirche gelegenen Gustav-Siegle-Haus. Dort waren wir häufig, doch am liebsten fuhr ich mit Verena zusammen hinaus in sein Atelierhaus in Remshalden-Buoch. Wir setzten uns schwarze Hüte auf und bewunderten, wie Albrecht mit den kleinsten Handbewegungen in einer Puppe jedes denkbare Lebensgefühl erwecken konnte, Glück und Trauer, Zorn oder Heiterkeit. Ich dachte an Paris zurück, und an meine Frage, was wohl wäre, wenn auch wir wie Marionetten von Fäden gelenkt würden?

Blicke ich heute auf meine Filme zurück, zeigt sich, wie diese Frage Spuren hinterlassen hat. In meiner Filmreihe »Unter anderen Umständen« spiele ich die Kommissarin Jana Winter, die meist mit Menschen zu tun hat, die durch unsichtbare Fäden gesteuert handeln. Da tun sich menschliche Abgründe auf, werden die letzten Tabus gebrochen. In der Folge »Spiel mit dem Feuer« tauche ich ins Sadomaso-Milieu ein, ein gutes Beispiel für Verstrickung in Abhängigkeiten. Lennardt Krüger als Henner Ullmann lebt seine sadomasochistischen Neigungen mit verschiedenen Frauen in seiner Gartenhütte aus und demütigt damit seine Ehefrau, die dem Treiben vom Wohnhaus aus zusieht. Als er auf einmal tot aufgefunden wird, haben viele Leute ein Motiv, wie Figuren an Fäden, nur vordergründig selbstbestimmt. Daher wundert es mich nicht, dass ich noch immer vom Puppenspiel fasziniert bin. In Stuttgart ist ein Abstecher ins Puppentheater »Theater am Faden« fester Bestandteil jedes Besuchs, in Berlin habe ich mich in das am Winterfeldtplatz verliebt. Auch darin liegt der Reiz, mich einem

Heimatgefühl hinzugeben, selbst wenn ich mal nicht in der Heimat sein kann. Es sind Erinnerungen, die ich wie die an Mata mitnehmen kann. Mein Erinnerungskoffer ist stets gepackt und bereit, auf Reisen zu gehen. Die Marionetten, Großmutter und ihre Nähmaschine, die Rottweiler Fasnet, ich beim Narrensprung versteckt in einem Schantle, sie alle gehören zu den lebensfrohen, angenehmen Erinnerungen. Denke ich an meine Schulzeit zurück, wird der Koffer dagegen schwer, ist kaum noch zu tragen. Die würde ich auch am liebsten hinter mir lassen, aber so ist das nun mal: Das Heimatgefühl kommt nicht immer leichtfüßig daher.

DIE BLEIERNE ZEIT

Heimat ist kein Gefühl,
Heimat ist ein Zustand.

Michael Ballhaus

In meiner Schulzeit vernahm ich jeden Morgen um Punkt 07:09 Uhr das Quietschen der Räder der Straßenbahn Nummer 21, die von der Oberen Ziegelei kommend, in diesem Augenblick den Cannstatter Kurpark in einer engen Kurve durchquerte, zwischen Kurbad und Kursaal auf der einen Seite und dem Wilhelmsbrunnen mit seinem sprudelnden Natrium-Calcium-Chlorid-Sulfat-Hydrogencarbonat-Säuerling auf der anderen. Nun hatte ich zwei Minuten Zeit, um aus dem Haus zu rasen und die Haltestelle Daimlerplatz zu erreichen. Ich war eine ausgezeichnete Leichtathletin, das kam mir zugute. Trotzdem war es jeden Morgen ein Kampf um Sekunden, der nicht immer zu meinen Gunsten ausging. Schaffte ich es, bevor der Schaffner die Türen schloss, näherte sich der Höhepunkt der Fahrt noch vor der nächsten Haltestelle Wilhelmsplatz. Dort um die Ecke, in der König-Karl-Straße 39, wohnte die Mutter meines Vaters, Großmutter Johanna. Sie ließ es sich nicht nehmen, Morgen für Morgen hinterm Fenster zu stehen und mir zuzuwinken. Johannas Zweitname hätte »Fürsorge« lauten müssen, denn das war eine ihrer wunderbaren Eigenschaften, eine Oma wie aus dem Bilderbuch. Nie werde ich dieses Winken vergessen, den stummen Blick, immer wartend. Bevor die Straßenbahn Fahrt aufnahm, streiften meine Augen noch über die Schaufensterauslage des im Erdgeschoss von Großmutters Haus befindlichen Friseurgeschäfts. Der »Salon Umberto« hatte sich als Dekoration eine Parade hochtoupierter Schönheiten gewählt, die ich heute, so viele Jahre später, noch immer dort bewundern kann. Manchmal ändert sich Heimat eben doch nicht.

Schon wenige Minuten später lag Cannstatt hinter mir, wenn die 21er den Neckar überquerte, um nach Stuttgart zu gelangen. Dort ging ich zur Schule. Auf welche? Auf viele. Und wie immer ihre Namen auch lauteten – die schönste Erinnerung an meine Schulzeit war das Winken der Großmutter auf dem Weg dorthin. Dabei war ich eines dieser Kinder gewesen, die unbedingt zur Schule wollten. Ich hatte keine Lust mehr auf Kindergarten gehabt, ich wünschte mir eine Schultüte, einen Schulranzen, ich wollte dorthin, wo man lernen kann. Ich war wissbegierig und aufgeschlossen und motiviert, und ich hatte eine Mutter, die selbst Lehrerin war. Nachdem Verena auf der Welt war, hatte sie noch einmal die Last eines Lehramtsstudiums auf sich genommen und erfolgreich abgeschlossen.

Während ich diese Zeilen schreibe, kommt eine zweite schöne Erinnerung angeflogen: Ich gehe Hand in Hand mit Mutter zur Grundschule. Damals hatten wir denselben Weg. Sie unterrichtete an der Cannstatter Martin-Luther-Schule, wo ich die ersten Jahre verbrachte. Dort war ich das Küken in der Klasse, mit fünf Jahren eingeschult, jünger als die meisten anderen. Eine Lehrerin betreute einen Stall von Mädchen und Jungen, und sie machte ihre Sache gut. Mein Sohn Jacob hat heute zwei Lehrerinnen gleichzeitig in der Klasse, die halb so groß ist wie die Klassen zu meiner Zeit. Wir sind anspruchsvoller geworden, vieles hat sich geändert, auch zum Guten. Umso mehr zolle ich meiner ersten Lehrerin Respekt, die trotz des Tohuwabohus den Überblick behielt und nie die Nerven verlor.

Was also änderte sich, als ich von der Grundschule aufs Gymnasium wechselte? Einfach alles. Von da an begann eine wilde Zeit mit so vielen Schulwechseln, dass ich den Überblick verloren habe. Ich erinnere mich an das Mörike-Gymnasium im Stuttgarter Westen, dem am dichtesten besiedelten Wohngebiet Deutschlands. Das Mörike war damals eine reine Mädchenschule und ich schon bald als Klassenrebellin verschrien. Gegen was ich zur Revolution aufrief? Gerne würde ich mich daran erinnern, doch die Gründe dafür sind heute vergessen. Was ich mit Sicherheit sagen kann: Zu Hause war ich die Sanftmut in Person, introvertiert, Pferde liebend, immer neugierig, wissensdurstig. Vielleicht lag es daran: In der Schule – zumindest ist das meine Erfahrung – ging es nicht darum, was wir wissen *wollten*, sondern, was wir wissen *sollten*. Das bestimmte der Lehrplan. Außerdem hegte ich andere Vorstellungen, wie Halbwüchsige zu unterrichten seien. Das allein machte den Gaul noch nicht fett, doch tat ich meine Meinung auch kund. Wer das in einer Schule tut, hat seinen Ruf schnell weg. Offenbar wollte man sich am Mörike-Gymnasium mit diesem aufmüpfigen Mädchen nicht länger als nötig auseinandersetzen. Ich wurde ins Rektorat bestellt, wo man mir klarmachte, dass es noch andere Schulen in Stuttgart gäbe. Es war ein Rausschmiss zweiter Klasse. Ich sollte selbst gehen, dann hatte man sich nichts vorzuwerfen.

So kam ich ans andere Ende der Stadt, nach Untertürkheim. Dort liegen nicht nur der Stuttgarter Hafen und die gewaltigen Industrieanlagen der Daimler-Werke, sondern auch die pittoreske Grabkapelle auf dem Württemberg, die König Wilhelm I. für seine früh verstorbene Frau Katharina Pawlowna erbauen ließ. Hier, auf den rebenüberzogenen Hügeln über dem Neckartal, die, wenn die Sonne im richtigen Winkel am Himmel steht, einen geradezu toskanischen Eindruck hinterlassen, erhob sich einst die alte Burg Wirtemberg. Sie war die Stammburg der Württemberger, doch erst unter Napoleon gab die Sippe dem Land seinen Namen. Daran erinnerte meine neue

Schule, das Wirtemberg-Gymnasium, das mich aber auch nicht lange seine Schülerin nennen konnte, denn schon bald wechselte ich aufs Daimler-Gymnasium in Cannstatt. Und von dort? Machte ich einen Salto rückwärts zurück aufs Wirtemberg.

Für meine Mutter war das keine einfache Zeit. Sie meinte es gut mit mir, gab Tipps zu allen Stuttgarter Schulen, doch häufig lautete meine Antwort: »Da gehe ich ganz bestimmt nicht hin.« Stattdessen guckte ich mir selbst eine aus, fuhr hin, marschierte mit allem Recht der Welt ins Rektorenzimmer und verkündete, ab heute die Neue zu sein. Erstaunlich, was alles möglich war. Es gibt kaum eine Institution in Deutschland, die strenger geregelt ist, und doch schuf ich mir meine eigenen Regeln, ohne am Ende zu finden, was ich suchte. Wahrscheinlich wollte ich Grenzen spüren, was selten der Fall war, weil die Lehrer einknickten und die Rektoren mich wegschickten. Eine Zeit lang nahm ich meine Schildkröte mit in den Unterricht, was in einer Epoche, in der Junglehrer in Jesusschlappen, Batikhemden und mit Strickzeug bewaffnet aufmarschierten, nicht weiter auffiel. Man war friedensbewegt und sang Lieder von Donovan und Wishful Thinking, »*Fly the metal bird to Hiroshima and away your load, speak the magic word to Hiroshima, let the sky explode*«, und klopfte Sponti-Sprüche, oft mit herzzerreißend wackeligen Reimen: »Wer Schule kennt und dann nicht rennt, wer sich nicht drückt, der ist verrückt!« Und: »Als Gott die Lehrer dieser Schule sah, drehte er sich um und weinte bitterlich!« Und: »Ich lerne fürs Leben. Wer lernt für mich?«

Die Slogans begleiteten mich auf meinem verschlungenen Pfad durchs Stuttgarter Schulsystem, mit vielen abrupten Kehrtwendungen und verwegenen Kurven. Immer wieder stellte ich fest, dass die Schule gut war, wenn die Lehrer gut waren. Und ein guter Lehrer war immer ein engagierter Lehrer, der nicht routiniert seine Meinung abspulte, sondern Freude daran hatte, mit uns Schülern den Unterricht zu gestalten. Einer dieser wertvollen Menschen, deren Namen man zeitlebens nicht mehr vergisst, war Lothar Schächterle, genannt Schäschä, der am Wirtemberg Französisch unterrichtete und dafür sorgte, dass jede seiner Stunden zu einem Fest wurde. Wie Schäschä das machte? Indem er Begeisterung zeigte, an der Sprache, an seiner Arbeit und an uns. Da, wo Begeisterung ist, folgt der Rest von selbst. Ein anderer dieser Sorte war Winfried Hermann. Ihn kennt man heute als ersten grünen Verkehrsminister Baden-Württembergs, der als ehemaliger Sportlehrer noch immer gut trainiert mit dem Fahrrad zu offiziellen Anlässen erscheint. Vor dem Abitur wechselte ich dann nochmals Stadtteil und Schule. Mitten in der City gelegen, in nächster Nähe zum Staatstheater und zur Staatsgalerie, liegt das Königin-Katharina-Stift mit seiner bald 200-jährigen Tradition. Heute gibt es dort die Möglichkeit, einen bilingualen Doppelabschluss zu machen mit deutschem und italienischem Abitur. Damals zog es mich an das Stift, weil eine Theater-AG erste vorsichtige Schritte in Sachen Schauspielkunst ermöglichte. Kompliziert wurde es trotzdem, denn das Abitur im Leistungskurs Politik war nur in Kooperation mit dem Zeppelin-Gymnasium im Stuttgarter Osten möglich, was mich zu einer ausgesprochenen Kennerin von U-Bahn- und Straßenbahn-Verbindungen sowie Busfahrplänen machte.

Am Zeppelin gehörte eine meiner Lehrerinnen zu den Gründungsmitgliedern der Grünen. Bei ihr beschäftigten wir uns mit den politischen Systemen der Amerikaner und der Sowjetunion, was zu einer Zeit, zu der Ronald Reagan seine Doktrin der Abschreckung diktierte, während sich im Osten erste Zeichen des Wandels abzeichneten, eine Sache war, die mich zu fesseln verstand. Mein Elternhaus war nicht politisch, aber ich fühlte mich den Grünen jener Tage nahe, die sich aus Umweltverbänden, der Friedens- und Anti-Atom-Bewegung, Dritte-Welt-Gruppen und Fraueninitiativen rekrutierten. Den Gründungskongress der Partei 1980 in Karlsruhe beobachtete ich mit Interesse; mir gefiel, wie sich Schriftsteller wie Heinrich Böll und Künstler wie Joseph Beuys für das Projekt engagierten. Kurz vor dem Abitur fuhren wir mit dem grünen Urgestein Willi Hoss, Vater der Schauspielerin Nina Hoss, nach Bonn. Willi war ein Mann, der Kante zeigte, und mit aller Konsequenz Jahre später wegen der grünen Unterstützung der deutschen Teilnahme am Afghanistan-Krieg aus der Partei austrat. Seine Frau, Heidemarie Rohweder, Intendantin am Staatstheater Stuttgart, dem Theater im Westen und der Württembergischen Landesbühne Esslingen, tat ein Gleiches. Gerne zitierte er Hölderlins geflügelten Satz »Wo aber Gefahr ist, wächst das Rettende auch«, der gut in die Zeit passte.

In Bonn und anderswo war die Hölle los, zumindest in den Augen konservativer Kreise. Bei einer Friedensdemonstration im Hofgarten waren 400.000 Menschen zusammengekommen, die Proteste gegen den von Kanzler Helmut Schmidt unterzeichneten NATO-Doppelbeschluss und die auf dem Fuß folgende Stationierung amerikanischer Atomraketen rissen nicht ab. In meiner Heimat beherrschten die jahrelangen gewaltfreien Sitzblockaden des Pershing-II-Depots auf der Mutlanger Heide die Schlagzeilen, im Hunsrück protestierten

Hunderttausende gegen die dort stationierten Cruise-Missiles. Die Menschen hatten das Gefühl, sich von einer Fremdbestimmtheit befreien zu müssen, die aus der Bundesrepublik einen Käfig gemacht hatte, und auch ich in meiner kleinen Welt strebte nach Freiheit. Als ich 17 Jahre alt wurde, packte ich ein paar Taschen und zog von zu Hause weg. Nicht im Zank und Unfrieden und auch nicht weit, nur ein paar Häuser weiter in die Martin-Luther-Straße, und doch: Von nun an lebte ich selbstverantwortlich. Dieser erste Schritt in die Selbstständigkeit tat mir gut. Bald darauf legte ich das Abitur ab, um mir anschließend die Frage zu stellen: »Was nun?« Darauf fiel mir keine überzeugende Antwort ein. Am Ende landete ich auf der Stuttgarter Uhlandshöhe, wo am 7. September 1919 die weltweit erste Waldorfschule eröffnet worden war. Geldgeber war damals Emil Molt, Direktor der Zigarettenfabrik Waldorf-Astoria, deren Namensgeber Johann Jakob Astor war in Walldorf geboren, nach Amerika ausgewandert und dort zum reichsten Mann der damaligen Welt geworden. Zum Leiter der Schule wurde Rudolf Steiner bestimmt. Sie ist auch heute noch mit nahezu 1000 Schülern ein Zentrum der Waldorfpädagogik. Ein einjähriges anthroposophisches Studium generale sollte für mich eine Art Kompensation meiner zerbröselten Schulkarriere sein, was nur konsequent war, schließlich hatte mein Vater eine erfolgreiche Waldorflaufbahn zurückgelegt und war Michael, der Bruder meiner Mutter, als überzeugter Anthroposoph Mitbegründer der ersten deutschen Privatuniversität Witten/Herdecke. Die entstand Ende der 1970er-Jahre ebenfalls aus einer anhaltenden Unzufriedenheit heraus, dem Gefühl von Stillstand und bleierner Zeit. Die Gründer mussten heftige Kämpfe um ihre Anerkennung ausfechten.

Für meinen Vater war Waldorf der ideale Ort gewesen, um schöpferische Fähigkeiten zum Entfalten zu bringen, doch bei mir tickten die Uhren etwas anders. Ich kam mir vor wie ein Neandertaler, wenn die anderen Seminarteilnehmer ihre verspielten Aquarelle malten, während meine Bilder eckig, kantig, wuchtig daherkamen. Alle verwendeten dieselben Farben, und ich dachte, wenn alle das Gleiche tun, ist das doch auch keine Lösung. Noch vor der Halbzeit wechselte ich mich aus und schaute mich erneut um. Was ging in der Welt vor sich, was sollte ich in ihr bewegen? Soeben hatte sich am Brandenburger Tor Ronald Reagan aufgebaut und gen Osten gerufen: »Come here to this gate! Mr. Gorbachev, open this gate! Mr. Gorbachev, tear down this wall!« Reagan war Schauspieler, hatte mit Errol Flynn und James Dean vor der Kamera gestanden, und nun war er der mächtigste Mann der Welt. Mit einer Aufrüstungsoffensive nie gekannten Ausmaßes versuchte er, die Sowjetunion auszubluten. Bei einer Mikrofonprobe hatte er deren Bombardierung angedroht: »My fellow Americans, I'm pleased to tell you today that I've signed legislation that will outlaw Russia forever. We begin bombing in five minutes.« Übersetzt heißt das: »Meine amerikanischen Mitbürger, ich bin erfreut, Ihnen heute mitteilen zu können, dass ich ein Gesetz unterzeichnet habe, welches Russland für vogelfrei erklärt. Wir beginnen in fünf Minuten mit der Bombardierung.«

Keine Frage, auf diesen Mann schauten wir mit Misstrauen. Nun stand er vor der Mauer und Gorbatschow dahinter, die Situation spiegelte das Gefühl meiner Generation wider. Das klassische Patt beim Schach, wo jeder neue Zug nur die Wiederholung eines alten ist, sich das Spiel in der Unendlichkeit verliert. »Die bleierne Zeit«, wie Margarethe Trotta ihren Film über Gudrun Ensslin aus Bartholomä im Ostalbkreis genannt hatte, war nicht vorüber. Ich war bereit für Neues, doch was das genau sein sollte, musste sich erst noch zeigen.

DIE HEIMAT LIEBEN UND VERLASSEN

Ich bin in der Fremde zu Hause.

Alexandra Feldner

Nach dem Ende des Zweiten Weltkrieges strömten so viele Heimatvertriebene ins heutige Baden-Württemberg, dass jeder fünfte Einwohner ein Flüchtling war. Insgesamt kamen 1,5 Millionen Neubürger zu einer Zeit, als man nur den Mangel verwalten konnte. Mal ehrlich: Sind 66.000 Flüchtlinge aus aller Welt, die mein Heimatland momentan beherbergt, nicht eine verschwindend kleine Zahl dagegen? Wo wir nicht mehr den Mangel verwalten müssen, auch wenn manche immer noch so tun? Pfarrer Heinrich Magnani aus Hettingen im Landkreis Sigmaringen prägte damals den Satz, der von Papst Franziskus stammen könnte:»Runter von der Kanzel, rein in die Not!«, sagte er, denn es galt, eine Herkulesarbeit zu bewältigen. Er wandte sich an die Bürger:»Das Gelingen könnt ihr nur zusammen mit den Neuangekommenen zustande bringen!«, appellierte er an den Gemeinschaftssinn, der auf eine harte Probe gestellt wurde, brachte man die Vertriebenen doch wahllos in bereits überfüllten Wohnungen unter. Ihre Lage beschrieb Flüchtlingskommissar Willy Bettinger 1947 mit Worten, die an die Lebenssituation heutiger Asylbewerber erinnern:»Die Flüchtlinge dürfen nichts, sie dürfen rein gar nichts – dürfen sie überhaupt leben?«

Die Einwohner des Landes, das damals noch nicht Baden-Württemberg hieß, zeigten Herz und Hirn und spuckten in die Hände. Von den vielen Erfolgsgeschichten meiner Heimat bin ich auf diese besonders stolz, auch wenn sie selten erzählt wird: In einer vergleichbar kurzen Zeit schaffte man es, die Neuankömmlinge zu integrieren. Jeder half mit. Egon Eiermann, der bedeutendste Architekt der Nachkriegsmoderne, setzte sich ins Auto, fuhr nach Hettingen und baute mit Pfarrer Magnani eine Siedlung für Heimatlose. Es kam zu Erfolgsgeschichten, an denen sich ganze Generationen ausrichteten, wie die von Bernhard Kempa. Der traf nach dem Krieg im Alter von 27 Jahren aus dem oberschlesischen Oppeln in Göppingen ein, fand bei der Handballmannschaft von »Frisch auf!« eine neue Heimat, gewann mit dem Team den Europapokal, wurde zum weltbesten Spieler und zur Kultfigur. Als im Januar 2014 die bundesdeutsche Handballnationalmannschaft in Katar bei der Weltmeisterschaft antrat, trugen Spieler wie Fans Kleidung mit einem gut sichtbaren Namen darauf: Kempa.

Der für das Magazin *Der Spiegel* tätige Reporter Mathieu von Rohr schrieb einmal, Deutschland könne sich nicht selbst lieben, denn es sei ein gebrochenes Land. Dem widerspreche ich, das Gegenteil ist der Fall: Die tiefen Wunden, die meine Heimat erlitten hat, wurden immer wieder von Menschen durch Selbstlosigkeit und mit Liebe geheilt. Diese Heilung ist ein steter Prozess unserer Geschichte, der wahrscheinlich nie abgeschlossen sein wird. Dazu gehört ein Ereignis von historischer Bedeutung, das sich am 5. August 1950 ein paar Hundert Meter von unserem Wohnhaus entfernt zutrug. Wie kaum ein anderes zeigt es den besten Umgang mit dem schmerzlichen Verlust der Heimat. An diesem Tag wurde im Cannstatter Kursaal die Charta der Heimatvertriebenen unterzeichnet. Der wichtigste Satz darin lautet: »Wir verzichten auf Rache und Vergeltung.« Heute spaziere ich immer wieder zum Vertriebenendenkmal im Kurpark mit diesem doch so bedeutsamen Text. Es scheint, als habe er meinen Landsleuten einen aufgeschlossenen Geist gegenüber jenen vermittelt, die Hilfe suchend zu uns kommen. Gleichzeitig erstaunt es mich, wie wenig man gemeinhin darüber weiß.

Da sind die Bruddeleien des Schriftstellers Thaddäus Troll bekannter. Troll wohnte bei uns um die Ecke, ließ nichts über Cannstatt kommen, während alles andere wenig galt: Der Stuttgarter sähe nicht über den Kesselrand hinaus, pflegte er zu sagen, die Stadt würde im Kessel brodeln, während jeder seinen eigenen *Krattel* pflege, ein Ausdruck für Engstirnigkeit und Hartherzigkeit. Die Wahrheit ist eine andere. In der baden-württembergischen Hauptstadt leben mehr Ausländer als in allen anderen Großstädten Deutschlands, und sie sind dort willkommen. Momentan sind es sage und schreibe Menschen aus 180 Nationen – zum Vergleich: Die Vereinten Nationen zählen 193 Mitgliedsstaaten. Wenn New York ein *melting pot* ist, dann gilt das für Stuttgart genauso. Über 40 Prozent der Einwohner haben Migrationshintergrund, unter Jugendlichen hat jeder Zweite ausländische Wurzeln. Während in Berlin Heinz Buschkowsky, langjähriger Bürgermeister aus Neukölln, die Welt wissen ließ, die Integration in Deutschland sei gescheitert, klappt sie in Stuttgart ganz *hälinga* außerordentlich gut. Vorreiter dafür war der legendäre Oberbürgermeister Manfred Rommel, der zeit seines Lebens für eine liberale Stadt eintrat. Als Claus Peymann am Schauspielhaus Geld für eine Zahnbehandlung der in Stammheim inhaftierten RAF-Terroristin Gudrun Ensslin sammelte, war es Rommel, der sich bei wütenden Protesten hinter ihn stellte. Als Andreas Baader, Jan-Carl Raspe und Gudrun Ensslin auf dem Dornhaldenfriedhof gegen großen Widerstand begraben werden sollten, prägte er den Satz: »Irgendwo muss jede Feindschaft enden; für mich endet sie beim Tod.« Und als im Sommer 1989 ein Schwarzafrikaner zwei Polizisten erstach, beruhigte er mit den Worten: »Es hätte auch ein Schwabe sein können.« Das muss man sich erst mal trauen.

Auch sein Nachfolger, Wolfgang Schuster, trat für die offene Stadt ein. 2007 sagte er im Interview mit der Zeitung *taz*: »Jeder, der in Stuttgart wohnt, ist Stuttgarter. Punkt. Der Pass interessiert mich nicht, mich interessieren Potenziale, die ein Mensch mitbringt.« Da machte er bereits Nägel mit Köpfen, löste das Amt des Ausländerbeauftragten auf und schmiedete dafür ein »Bündnis für Integration«. Dessen Leiter, Gari Pavkovic, einst aus dem bosnischen Mostar nach Schwaben gelangt, meint: »Wenn der Schwabe sieht, was der Türke schafft, spart er nicht mit Anerkennung. Von wegen, *net g'motzt isch g'lobt g'nuag.*« Seither gibt es viele erfolgreiche Projekte für Integration wie die »Stuttgarter Paten für Bildung und Zukunft« mit Tausenden von Freiwilligen. Es gibt Schulen für Einwanderungskinder, wie die vom türkischen Schwaben Muammer Akin, bei uns um die Ecke in Cannstatt. Und es gibt Nejdet Niflioglus Daimler-Türk-Treff, das größte Mitarbeiternetzwerk Deutschlands. Das gefällt mir nicht erst, seit ich mich selbst mit deutsch-türkischen Befindlichkeiten befasst habe.

Im Film »Kückückskind« spiele ich die Modedesignerin Antonia Greve, die ein Herz und eine Seele ist mit ihrem 15-jährigen Sohn Dominik. Als sich herausstellt, dass er gar nicht ihr leiblicher Sohn ist, sondern mit Ayse vertauscht wurde, die nun bei ihren türkischen Eltern Erdal und Hatice Güngör lebt, kommt es, auf gut schwäbisch gesagt, zur Situation *do mechd oims Fiedle schwäddza*. Diese Konfrontation mit den jeweils unbekannten Welten zeigten wir auf augenzwinkernde Art und Weise, was der Kritik wie auch dem Publikum gefiel. Mich beschäftigte bei den Dreharbeiten besonders die Frage, was macht eigentlich unsere Herkunft mit dem, was wir am Ende Heimat nennen? Schließlich lernte ich im Laufe meines Lebens eine Regel kennen, die nirgendwo in Granit gehauen steht, aber für mich stets Geltung hat. An Orten mit hoher Willkommenskultur wirkt der Magnet in beide Richtungen. Sie ziehen uns an, spucken uns aber auch wieder aus. In meinem Leben war das in Stuttgart der Fall, im weltoffenen Paris, im Schmelztiegel von New York und in Hamburg, das mit seinem Hafen schon immer ein Tor in die weite Welt gewesen ist.

Nach der Zeit am Waldorfseminar hatte ich die Aussicht auf einen »Brotberuf«, wie meine Mutter das nannte, vielleicht bei einer der Zeitungen, bei denen ich Praktikumsluft schnupperte. Die Schauspielerei war ein Traum, Journalismus um einiges realer. Und Journalismus interessierte mich, weil es in diesem Beruf um die Wahrheit geht, um die Geschichten hinter den Geschichten. Ich bin zeit meines Lebens neugierig aufs Leben geblieben, was für Journalisten und Schauspieler eine Grundvoraussetzung ist. Vielleicht empfinde ich aus diesem Grund so viel Hochachtung vor echtem Qualitätsjournalismus, weil unser Leben komplex ist, brauchen wir ihn, um den Durchblick zu bewahren. Nach dem suchte ich damals, als ich mir die Frage stellte, welchen Weg ich einschlagen soll. Am Ende lockten mich die weite Welt und der Traum, Schauspielerin zu werden, ohne zu wissen, was das eigentlich bedeutet. Den Weg dorthin wollte ich durchs Modeln beschreiten. Aber auch da tickten die Uhren noch anders, Modeln war keine Lebensanschauung, der Beruf steckte in den Kinderschuhen. Die Ära von Cindy Crawford, Kate Moss, Naomi Campbell, Elle Macpherson und Claudia Schiffer sollte erst noch kommen. Doch Stuttgart war damals wie heute eine Stadt der Fotografen, und die waren stets auf der Suche nach neuen Gesichtern. Einer der Ersten, mit denen ich arbeitete, ist auch einer der

Besten seiner Zunft. Jahre bevor Werner Pawlok nach New York zog, um in Tribeca ein viel beachtetes Atelier zu eröffnen, hatte er sein Studio im Stuttgarter Westen. Dort schuf er eine Serie von Bildern, die mich in einem Zoo ausgestopfter Tiere zeigt. Auftraggeber war das damals noch junge Modelabel Marc Cain, das Helmut Schlotterer in der Nähe von Bologna gründete, aber später zurück in sein schwäbisches Heimatstädtchen Bodelshausen brachte, wo bereits sein Vater einen Strickwarenbetrieb geführt hatte.

Die Tiere für unsere Aufnahmen hatte sich Werner aus dem Cannstatter Rosensteinmuseum besorgt, was mir ein seltsames Déjà-vu bescherte. In diesem Museum hatte ich als Kind viel Zeit verbracht. Die ausgestellten Tiere hatten mich gleichzeitig angezogen und abgestoßen, ich hatte Mitleid mit ihnen, fühlte Beklommenheit inmitten der Vitrinen. Diese konnten von innen beleuchtet werden, und so wartete ich manchmal stundenlang, bis kein anderer Besucher mehr in der Nähe war, um dann das Licht anzustellen und mich mit dem Tier zu konfrontieren, dessen Tod hier so schamlos ausgestellt wurde. Am meisten faszinierte mich ein Leopard, und der stand nun beim Fotoshooting neben mir. Werner wunderte sich, warum es mich trotz der Hitze im Atelier fröstelte. Später wurde er mit seinem Zyklus »Stars & Paints« berühmt, 100 großformatigen Polaroidfotos von Leuten wie Sir Peter Ustinov, John Malkovich, Roman Polaōski, Dizzy Gillespie, Jean Paul Gaultier, Juliette Binoche und Jane Birkin. Noch mehr faszinierte mich seine Bilderserie »Crying Animals«, Tierporträts bedrohter Arten, die mich an die Anfangszeiten erinnerten, als Werner ein junger Fotokünstler war und ich ein junges Mädchen mit dem Traum, Schauspielerin zu werden. Das war, was mein

Herz bewegte. Ich wollte agieren, wollte spielen, wollte in die Haut anderer Menschen schlüpfen. Doch wie beginnen und wo? Jede Reise beginnt mit dem ersten Schritt, meiner war bescheiden. Bei einem Schauspiellehrer nahm ich Sprechunterricht, gleichzeitig wuchs der Traum, nach München zu ziehen. Ein Mädchen von dort, das hin und wieder vor der Kamera stand, fragte mich eines Tages: »Warum ziehst du nicht bei mir ein? Das wird bestimmt lustig!«

Da war sie, die erste echte Weggabelung meines Lebens. Stuttgart bedeutete die Diskotheken Müsli, Bhagwan und der Perkins Park, Fotostudios und eine reiche Theaterszene. Orte, die von mir längst abgegrast waren. Die Stadt an der Isar war ein verlockendes Terrain, mit einer umjubelten Lady Diana auf dem Marienplatz, mit der größten Modeshow der Republik auf der Theresienhöhe und dem ersten Computerkaufhaus in der Westenriederstraße. Meine Antwort kam prompt: »Ich komme.« Zu Hause packte ich meine Habseligkeiten zusammen, kündigte die Wohnung und freute mich auf das neue Leben, das vor mir lag. Ich weiß nicht, wie häufig ich seither meine Taschen gepackt habe. Jedenfalls sehr oft.

DIE STADT DER LIEBE

Heimat ist das verlorene Negativ
zu einem Original, von dem man hofft,
es selbst zu sein. Da bleib' ich lieber beim Begriff
der Herkunft, die ich fühlen kann.

Jim Rakete

Eine Anekdote sagt, ein zugereister Schwabe hätte Schwabing den Namen gegeben, weil er hier eine neue Heimat fand. Sicher ist, dass die Gegend rund um die Leopoldstraße und den Kurfürstenplatz schon immer zu den beliebtesten Stadtvierteln Münchens zählte. »Ein heiteres Pleinair«, schwärmte der Dichter Rainer Maria Rilke, während er in der Ainmillerstraße eine heiße Liebesaffäre mit der Schriftstellerin Claire Studer, spätere Claire Goll, verbrachte. Einige Straßenzüge weiter, in der Nähe des Kinos »Türkendolch«, kam ich unter. Geld hatte ich kaum, ich brauchte aber auch wenig, das Zimmer zur Untermiete war günstig. Eine Agentur namens »Talents« nahm mich unter ihre Fittiche, und schon ging es los. Modeln bedeutet häufiges Reisen, wenn es sein muss, rund um die Welt, was *fancy* klingt, vor allem aber anstrengend ist. In der Regel sieht man den Flughafen, den Bahnhof, das Hotelzimmer und das Fotostudio. Der Beruf verlangt eine Menge Disziplin, was mir entgegenkam, trotzdem war klar, die Schauspielerei blieb mein Herzenswunsch, auch wenn ich ihn zunächst auf die lange Bank schob. Die Schattenseiten des Modelns sollte ich noch kennenlernen, doch in den Anfangszeiten stand das Glück auf meiner Seite. Die Verantwortlichen waren um das Wohl von uns Mädchen bedacht und schauten genau hin, wohin sie uns schickten. Einmal war es Wien, da geschah Wunderbares. Nach dem Shooting gingen wir in ein Café, gleich um die Ecke des Hotels Imperial, das einstige Wohnpalais von Herzog Philipp von Württemberg, der dort fern der schwäbischen Heimat wenig freudvolle Zeiten erlebte. Dort sprach uns eine junge Frau an, erzählte von der französischen Agentur, die sie vertrat, und wollte wissen, ob wir nicht nach Paris kommen wollten. An diesem Tag sprang ein Funke über, denn so lernte ich Elfe kennen, noch immer eine meiner engsten Freundinnen. Wir sagen,

Fotoshooting mit Jim Rakete in Hamburg, 1993

die Chemie stimmt, wenn wir auf Menschen treffen, mit denen wir uns blind verstehen. Das ist bei Elfe und mir der Fall. Es gab Zeiten, da sahen wir uns Tag für Tag und genossen jede Minute davon. Es gab Zeiten, da trennten uns Kontinente und Monate, aber kaum waren wir zusammen, schien es, als hätten wir uns am Tag zuvor zuletzt gesehen. Elfe hat das nervenaufreibende Geschäft einer Agentin längst aufgegeben und widmet sich heute anderen Dingen. Damals tat sie etwas, das Voraussetzung für jeden Beruf ist, den man erfolgreich ausüben möchte: Sie half mir, mich zu professionalisieren.

Als Erstes verschaffte sie mir eine Agenturwohnung in der Rue Vieille du Temple, mit herrlichem Blick über die Dächer des Marais hinüber zur Bastille. Seit der Zeit, als ich meinen Vater dazu bringen wollte, den Wohnwagen direkt unterm Eiffelturm abzustellen, hatte sich Paris als Traumziel in meinem Kopf eingenistet, ohne dass ich jemals ernsthaft daran glauben konnte, tatsächlich einmal in der Stadt zu leben. Nun war es einfach passiert. Ich stand morgens in aller Herrgottsfrühe auf, stieg die enge Treppe hinab zur Straße, folgte dem Duft frisch gebackener Baguettes bis zur nächsten *boulangerie*. Dort klemmte ich mir zwei der Brote unter den Arm, spazierte zum nächsten Kiosk, kaufte mir den *Figaro*, gönnte mir auf dem Weg nach Hause einen *café au lait* und kam mir bei allem sehr pariserisch vor. Das Marais mit seinen unzähligen Kneipen, Läden, kleinen Handwerksbetrieben und der bunt gemischten Bevölkerung war ein Mikrokosmos für sich. Nach zwei Einkäufen kannte der Besitzer der *épicerie* gegenüber meinen Namen, und seine charmante Art, »Madame Wörner« zu sagen, war jeden Einkauf wert. Es gab den *l'Arab du Coin*, den Araber um die Ecke, bei dem man alles bekam, von Zigaretten über Pastis bis zu Gewürzen, die ich noch nie gesehen hatte. Fleisch und Wurst holte ich in der *charcuterie*, was auch der Ort war, wohin der Tratsch des Viertels getragen wurde, um, einmal durch den Fleischwolf gedreht, mit veränderten Tatsachen wieder hinaus in die Gassen des Marais zu gelangen. Ich war ganz Auge und Ohr, da ich ahnte, diese Zeit würde mich auf Ereignisse vorbereiten, die später wichtig sein sollten. Früher war ich von den Geschichten meiner Familie umhüllt gewesen, jenen von Moni, Mata und Ljoscha, die in mir das verzehrende Gefühl von Heimatverbundenheit und Heimatlosigkeit ausgelöst hatten. Nun lauschte ich denen der Bewohner des Marais und hörte auch hier Zerrissenheit heraus, weil viele, die im Viertel lebten, lange Irrwege hinter sich bringen mussten. Das alles hat mich zu der Geschichtenerzählerin gemacht, die ich heute bin. Ich liebe das Geschehen von der Straße, schnörkellose Geschichten von der Lust am Leben und der Liebe und den Gefahren, die sich dazwischenstellen.

Zur selben Zeit war ich *très travailleuse*, eine fleißige Biene, die von Elfe von einer Blüte zur nächsten geschickt wurde. Dann geschah, dass ich erneut in einem Café angesprochen wurde – in meinem Leben wurden Cafés zu Orten der Entscheidung –, und wieder funkte es gewaltig. Dieses Mal war es ein Mann. Hager, sehnig, mit schmalem Gesicht und dichten schwarzen Haaren, hungrigen Augen und den langen Fingern eines Pianisten. Jorge stammte aus Buenos Aires, kannte keine Mercedes Kirchner, als ich ihn danach fragte, und nein, Klavier spiele er auch nicht. Er sei Regisseur, momentan aber Fahrer, doch eigentlich drehe er einen Film, die Adaption eines Romans von Nabokov, natürlich nicht Lolita, nein, er beschäftige sich mit »Gelächter im Dunkel«. Nun habe er mich gesehen und sich gesagt, das ist sie, das ist meine Margot, für sie verlässt Albinus seine Frau, seine Familie, sein ganzes Leben … Jorge war ein Besessener, wie alle jungen Filmemacher besessen sind, weil man anders keine Filme machen kann. Die Idee zur »Camera obscura«, wie Nabokovs Buch im Originaltitel heißt, verfolgte ihn schon geraume Zeit, doch war er nicht weit gekommen. Nun aber, da er mich gefunden hatte, seine Margot, konnte alles passieren.

In der Tat, es geschah, was passieren muss in der Stadt der Liebe, unsere Begegnung führte zu einer feurigen Liaison. Paris wurde zu unserer Kulisse aufregender Tage und romantischer Nächte, in denen wir durch Montmartre streiften, an der Seine spazieren gingen und unsere Zeit im Quartier des Halles verbummelten. Gut möglich, dass ich auf einmal nicht mehr ganz so *travailleuse* war, doch Elfe drückte beide Augen zu, da sie wusste, welcher Zauber einer solchen Verbindung inneliegt. Tag und Nacht sprachen wir über »Gelächter im Dunkel«, und ich vernahm zum ersten Mal die Worte »Schauspielerführung« und »Szenenauflösung«. Das sind die beiden wichtigsten Aufgaben eines Regisseurs, der daneben zwar noch tausend weitere Dinge zu erledigen hat, doch die Arbeit mit den Schauspielern und die Art und Weise, eine Szene zu filmen, entscheiden am Ende über den Erfolg. Dabei hat der Regisseur Bilder im Kopf, die er allen Beteiligten mitteilen muss, eine Aufgabe, der nur wenige gewachsen sind. »Regie führen ist 20 Prozent Know-how und 80 Prozent Kommunikation«, sagte Steven Spielberg, und besser kann man es nicht ausdrücken. Für alles Mögliche zieht sich der Regisseur Spezialisten hinzu, doch seine Traumbilder muss er selbst in Worte fassen können. Hatte ich später das Glück, mit einem Könner seines Fachs zusammenzuarbeiten oder einer Könnerin, konnte es passieren, dass ich die ersten Tage am Set eingeschüchtert war, weil er oder sie die Rolle bereits bis in die Tiefe ausgelotet hatte. Dann dachte ich, das kann ich niemals aufholen, bis ich mit zunehmender Erfahrung lernte, selbst noch tiefer einzutauchen. Geschieht das, schlägt ein guter Regisseur erleichtert drei Kreuze, weil er sich nun auch den anderen Aufgaben widmen kann. Zu den Besten, mit denen ich bisher arbeiten durfte, zählt ohne Zweifel Sergio Mimica-Gezzan. Bevor er »Säulen der Erde« drehte, war er lange Jahre erster Regieassistent von Steven Spielberg, kein Wunder, beherrschte er doch die »80 Prozent Kommunikation« für die sensible und präzise Arbeit mit den Schauspielern so gut wie kaum ein anderer. Jorge sollte nicht das Glück haben, eine ähnliche Karriere einzuschlagen. Wir haben »Gelächter im Dunkel« nie gedreht, trotzdem erfuhr unsere Beziehung eine schicksalhafte Wendung. Jorge arbeitete tatsächlich als Fahrer, er war Chauffeur von Lee Strasberg gewesen, ein Name, der mich vor Aufregung erschauern ließ.

Die Welt des Films ist eine eigenartige Welt. Man kann sie sich wie einen Eisberg im Wasser vorstellen. Zu sehen ist die glitzernde Spitze, die nur wenige Prozent der Gesamtmasse ausmacht. Die liegt unter Wasser, unserer Sicht entzogen. Wird bei der Premiere eines Films der rote Teppich ausgerollt, defilieren darauf Schauspieler und Regisseure, vielleicht mischt sich der eine oder andere Produzent darunter, doch die Masse der Mitarbeiter, ohne die ein Film niemals zustande kommt, bleibt anonym. Zu ihnen gesellen sich Menschen, die selten für einen bestimmten Film arbeiten, ohne die es aber einige Jahrhundertwerke nie gegeben hätte. Zu denen zählte Lee Strasberg. Geboren als Israel Strasberg in der heutigen Ukraine, avancierte er in Amerika als Begründer des *Method Acting* zu einem der einflussreichsten Schauspiellehrer der Welt. Einfach gesagt gibt es für einen Schauspieler zwei Möglichkeiten, seine Rolle zu interpretieren: Er *spielt* sie. Oder er *ist* sie. Was bedeutet, dass er mit ihr verschmilzt, nicht mehr er selbst ist, sondern der Mensch, den er darstellt, und das auch noch nach Drehschluss. Was eine Last ist für alle Beteiligten, dafür kommen herausragende Ergebnisse zustande. Die Liste der Strasberg-Schüler liest sich wie das Who's who amerikanischer Filmstars: James Dean, Marlon Brando, Paul Newman, Dustin Hofmann, Harvey Keitel, Dennis Hopper, Al Pacino, Robert De Niro. Von dem erzählt man, wie er sich als junger Method-Actor in Martin Scorseses Film »Wie ein wilder Stier«, die wahre Geschichte des Boxers Jack LaMotta, 30 Kilogramm angefressen hat, weil es das Drehbuch verlangte. Im Film »Der letzte König von Schottland« spielt Forest Whitaker den ugandischen Präsidenten Idi Amin, einen der brutalsten Gewaltherrscher seiner Zeit, der sich selbst »Herr aller Tiere der Erde und aller Fische der Meere und Bezwinger des Britischen Empires« nannte. Forest wählte ebenfalls Strasbergs Maxime der völligen Identifikation mit der Rolle. Später berichtete er, wie sein Privatleben darunter gelitten hat, als er nach Drehschluss das Gehabe des Diktators nicht abstreifte. Jorge wusste alles über das Actors Studio und seine besonderen Methoden, und er weckte in mir den Wunsch, nach New York zu gehen, um dort Unterricht zu nehmen. Plötzlich nahm der Gedanke, der mich seit Stuttgart beschäftigte – ich will agieren, will spielen, will in die Haut anderer Menschen schlüpfen, doch wie beginnen und wo –, Form an. Das »Wo« sollte mich weg von Paris in eine der aufregendsten Metropolen der Welt führen, das »Wie« würde sich dort zeigen. Trotzdem packte ich nicht gleich die Taschen. Es brauchte einen Impuls, der mir den Abschied leichter machte. Und der sollte schon bald kommen.

Mittlerweile war ich bei der Agentur Elite unter Vertrag, die 1972 von John Casablancas gegründet worden war. Sie zählt zu den größten und bekanntesten Modelagenturen der Welt, börsennotiert, vertreten auf allen Kontinenten. Damit hatte ich einen gewaltigen Karrieresprung vollzogen, *the sky is your limit* hieß es, jetzt, wo auf einmal Supermodels nicht mehr nur die Cover der Modemagazine zierten, sondern das Leben selbst reflektierten. Elite sah mich in derselben Liga, und so war ich nicht überrascht, als ich einen Anruf vom Chef der französischen Dependance bekam. Ein Fotoshooting in Mailand stehe an, es gehe um die neue Kollektion eines weltbekannten Designers. Davor gäbe es eine Kleinigkeit zu besprechen, ob ich vorbeischauen könnte? Dagegen war nichts einzuwenden. In der Agentur angekommen, wurde schnell klar, dass dieser Mann mich nicht mit Tipps und Tricks zum Umgang mit italienischen Modezaren versorgen oder eine Restaurantempfehlung für Mailand aussprechen wollte. Bisher war ich von wohlmeinenden Agentinnen umgeben gewesen,

Natalias Mutter Susanne, eine tatkräftige Frau

die ihren Beruf mit Seriosität ausübten, dieser Mann hatte anderes im Sinn. Womit er allerdings nicht rechnete, war ein schwäbischer Dickkopf der Marke Wörner. Denn was mir an der Sache nicht gefiel, war die Arroganz des Herrschenden: Ich habe da so meine Wünsche, und das ist ganz normal in der Branche, *ça roule chez toi, chérie?* Dafür war ich nicht durch die Schule von Moni gegangen, damit ich mich einfach mal so mit Monsieur Testosteron einlasse. Hätte er von der Geschichte meiner Mutter gehört, die mit der Kettensäge, wer weiß, ob er dafür überhaupt den Mut aufgebracht hätte. Die geschah viele Jahre nach der Trennung von meinem Vater. Meine Mutter hatte einen neuen Partner gefunden, der im schwäbischen Allgäu zu Hause war, und die Beziehung gestaltete sich glücklich, bis sie herausfand, dass neben ihr ein anderes *Schätzle* mit im Spiel war. Meine Mutter machte kein großes Geschrei, holte dafür die Stichsäge aus dem Keller, setzte sich ins Auto, fuhr mit ihrer Freundin Ursel über Ulm, Biberach, Meckebeure, Durlesbach ins Allgäu, schmiss im Haus des Untreuen die Maschine an und zersägte das von ihr liebevoll gebaute Bett fein säuberlich in viele kleine Scheitchen, die sie anschließend vor dem Haus stapelte – schließlich sollte es dem Untreuen an Holz für den Winter nicht mangeln. Dann fuhr sie wieder nach Hause. Der Agenturchef ahnte nicht, dass er die Tochter einer zu allem entschlossenen Mutter und einer Uroma vor sich hatte, die auch den Griff zum Giftfläschchen nicht scheute.

Säge und Gift brauchte ich nicht, schließlich kannte ich Französisch auch als Sprache des Streits aus der Zeit, als ich bei Mata an der Tür gelauscht hatte. Doch all das brauchte ich gar nicht. Als er nach meinem »Nein« sagte, »weißt du was, seltsamerweise sind alle deine Aufträge gecancelt«, antwortete ich ganz ruhig: »Weißt *du* was? Seltsamerweise bin ich schon so gut wie weg.« Und so war es auch. Das unmoralische Angebot erschien mir auf einmal wie eine glückliche Fügung, die Fahrkarte in die Freiheit in Richtung meines wahren Traums, der Schauspielerei. Heute weiß ich, dass unsere größten Feinde die besten Lehrmeister sein können, die uns oft Wege weisen, an die wir uns selbst noch nicht so richtig herantrauen. Doch nun sollte es geschehen. Es dauerte nicht mehr lange, bis erneut eine Tasche gepackt war und ein Flug gebucht. Ich kannte keinen in New York, aber ich war gewillt, mir dort meinen Platz zu erobern.

DER GROSSE APFEL

Da geht es um mein inneres Zuhause. Manchmal fühlen wir uns ja wie Tiere, die losziehen, um zu brüten und zu jagen, und die dann wieder an ihren Ursprungsort zurückkehren. So gesehen ist zu Hause dort, wo ich nahe an meiner Seele bin.

Eva-Maria Zurhorst

New York Ende der 1980er, Anfang der 1990er, war nicht das New York von heute. Damals drückten einem wohlmeinende Menschen eine Straßenkarte in die Hand, in die sie die *No-go-Areas* eingezeichnet hatten. Alphabet City? Nur wenn du lebensmüde bist. Lower Eastside? Vergiss es. Meatpacking District – inzwischen eines der angesagtesten Viertel? Da setzte selbst die Polizei keinen Fuß rein. In der Bronx brannten ganze Straßenzüge, und kam die Feuerwehr, warfen die Brandstifter Molotowcocktails. Am Times Square dominierten keine glitzernden Billboards, die familientaugliche Musicals anpreisen, sondern zweitklassige Peepshows und Pornoschuppen aller Art. Prostituierte, Zuhälter, Dealer und Obdachlose bevölkerten die Gegend, zu Hunderten schoben die Armen der Stadt mit Pfandflaschen gefüllte Einkaufswagen durch die Straßen. Manchmal waren es nur ein paar Ecken, um die man einen Bogen machen sollte. Wer vom Columbus Circle zum Studio 54 wollte, nahm eben nicht die 8th Avenue, sondern den Broadway. Die Devise war: Meide dunkle Ecken, hüte dich vor Unterführungen, lass Parkhäuser links liegen, und solltest du einmal mit dem Bus zum New York Authority Terminal gelangen, bitte ein paar Fahrgäste um Begleitschutz nach draußen. Selbst Tribeca bestand aus heruntergekommenen Straßenzügen. Einer der Ersten, die sich dort ansiedelten, war der Pforzheimer Maler und Pionier der Computerkunst, Manfred Moor. Er erzählte, wie er sich eines der riesigen Häuser auswählte und als Atelier herrichtete, ohne Nachbarn und ohne Genehmigung der Stadtverwaltung, bis er Jahre später das Gebäude für einen Appel und ein Ei erwerben konnte. Heute ist Robert De Niro sein Nachbar, und er bekommt täglich Offerten von Leuten, die für sein Loft jeden Preis bezahlen würden. Doch die Gegend ist ihm Heimat geworden.

»Ich habe als Kind den Luftangriff auf Pforzheim überlebt«, sagt er, und das ist Begründung genug. Die Goldstadt wurde vor dem Zweiten Weltkrieg wegen ihrer einzigartigen Schönheit das »Venedig Süddeutschlands« genannt. 22 Minuten nach dem Angriff von 379 Bombern der Royal Air Force war sie zu 98 Prozent zerstört, ein Fünftel ihrer Einwohner tot. Es gibt wenig, das der Mensch in seiner Verblendung nicht zu Asche verwandeln kann.

Mich schreckte das raue und ungehobelte New York nicht. Ich wurde von der Stadt absorbiert, scherte mich weder um Warnungen und Verbote, sondern genoss diese einzigartige Megacity, die einem Tag und Nacht die Welt zu Füßen legt. Später, als Bürgermeister Rudy Giuliani den Hebel umlegte, seine »Zero Tolerance«-Strategie verkündete, Pornoläden abreißen und Straßen von Hundekot reinigen ließ, Obdachlose vertrieb und im Central Park dreigeteilte Bänke aufstellte, damit sich bloß keiner darauf legen konnte, brach die neue Ära an: Für Familien, frisch Verheiratete im Honeymoon, Wochenendbesucher vom Land, Engländer als größte und Deutsche als zweitgrößte ausländische Besuchergruppe präsentierte sich die Metropole auf einmal als eine der sichersten der Welt. Das kam selbst für eingefleischte New Yorker überraschend. Einige erinnerten sich noch gut, wie ihre Stadt in den 1960er-Jahren pleite war. John F. Kennedy hieß damals der Präsident der USA, Nelson Rockefeller war Gouverneur des Staates New York, Robert F. Kennedy Bürgermeister der Stadt. Die drei trieben die Idee eines World Trade Centers voran als Symbol für die Wiederbelebung der Wirtschaft. 1962 begannen die Planungen, ab 1966 wurde gebaut, 1970 zogen die ersten Mieter in den Nordturm ein. 1973 feierten die New Yorker die Einweihung beider Türme, jeweils 410 Meter hoch, mit 110 Stockwerken auf 21 Meter tiefen Fundamenten. Dazu gab es noch eine Handvoll weiterer Bauwerke gleich mit dazu, darunter das Marriott Hotel, die Warenterminbörse, der Zoll und der Wintergarten. Dazwischen erstreckte sich die Plaza, mit 20.000 Quadratmetern Fläche größer als die Piazza San Marco in Venedig, ein Ort, an dem ich mich häufig aufhielt, auch wegen der Concourse, der vielstöckigen unterirdischen Einkaufsstadt mit mehreren Bahnhöfen. 50.000 Menschen arbeiteten vor Ort, 1,5 Millionen Besucher standen Jahr für Jahr auf dem Observation Deck des Südturms. Hüben wie drüben hatten sich Händler eingemietet, Makler, Versicherungsagenten, Anwälte. Mit dieser Belegschaft wurde der Name World Trade Center seiner Bestimmung nie gerecht, darauf beruht das historische Missverständnis der Attentäter. Sie trafen eben nicht den Nerv der amerikanischen Wirtschaft. Der Architekt Minoru Yamasaki, der in seinem Entwurf »eine lebendige Verkörperung des Glaubens an die Menschlichkeit« gesehen hatte, konstruierte das World Trade Center so, dass es starken Winden und seismischen Stößen standhalten konnte. Es waren sogar Kollisionen mit Flugzeugen eingeplant, doch als es dann passierte, verursachten 70 Tonnen Kerosin eine Hitze von über 1100 Grad. Die löste den Zement vom Stahl, der unter dem Gewicht der Gebäude nachgab.

Als ich kürzlich wieder in New York war, ragte am Ground Zero das One World Trade Center 541 Meter in die Höhe, genau 1776 Fuß, Gründungsdatum der Vereinigten Staaten von Amerika. Wieder erging es mir wie damals, als ich neu in der Stadt war. Nach ein paar Tagen litt ich unter Genickstarre, da ich wie alle ständig nach oben schaute. Wo sich über den Häuserschluchten ein stahlblauer Himmel spannte, der so typisch ist für das Klima der Stadt am Hudson River. Wie auch die eiskalten Winter und tropisch heißen Sommer. Nie wieder sollte ich derart frieren, nie wieder so schwitzen. Im Sommer besteht die einzige Chance auf ein paar Stunden Nachtruhe, sich nackt in ein mit kaltem Wasser getränktes Leintuch zu wickeln, um auf die Wohltat der Verdunstungskälte zu hoffen, die aber nicht lange anhält. Zum Glück schlief ich wenig, denn New York hatte mich von Anfang an gepackt. Ich schlug mir buchstäblich die Nächte um die Ohren, und wenn ein paar Schauspielkollegen aus dem Theatre Institute zur Fete in Williamsburg luden, das auf der anderen Seite des East Rivers gelegen war, sah man mich am Morgen danach fröhlich über die Brooklyn Bridge radeln. Nicht auf der Fahrradspur, sondern auf der Autobahn, mit den Pendlern um die Wette. Einige Bauarbeiter, die auf der Brücke an Stahlträgern hantierten, zogen mich aus dem Verkehr.

»Baby«, sagte einer. »Jetzt hab' ich 50 Mäuse verloren, weil ich gewettet habe, dass du unter die Räder kommst.«

Dabei schenkte er mir dieses unverschämte Grinsen, das für mich den *spirit of the town* verkörpert, dieses besondere New Yorker Lebensgefühl, das an guten Tagen nach Heimat schmeckt und an schlechten auch. In einem Land, in dem nahezu jeder Bewohner auf Vorfahren zurückblickt, die irgendwann einmal eingewandert sind, geht man mit manchen Dingen lockerer um als in Europa. Und in der Stadt, die das Tor zu diesem Land ist, schon zweimal. Dazu kommt, dass alle Einwanderer einen Traum hegten, stets ein Ziel vor Augen hatten. Damit gestaltet sich ein Leben anders. Der New Yorker weiß, warum er morgens in aller Herrgottsfrühe aufsteht, hart arbeitet und sich abends im Fitnessstudio quält. Einer Schwäbin muss das gefallen. Die Energie von »*if you make it there, you make it anywhere*« sorgte dafür, dass ich mich wie unter Strom gesetzt fühlte.

Bald gehörte ich zu den Ersten, die morgens ins Studio kamen, und zu den Letzten, die abends nach Hause gingen. In Deutschland wäre es mir nicht im Traum eingefallen, eine Schauspielschule zu besuchen, denn das stellte ich mir vor wie *ei'gschlofene Füaß, an lauwarma' Lällebebb*. In New York dagegen war es eine Frischzellenkur. Zwar war Lee Strasberg bereits verstorben, doch sein Geist lebte weiter, und seine Nachfolger setzten diesen kompromisslos um. Oft ging es darum, die Gefühle einer Szene nicht zu spielen, sondern in echten Emotionen darzustellen. Die Methoden, die zur Anwendung kamen, waren nicht zimperlich. Sie führten uns oft an den Abgrund, und von dort noch einen Schritt weiter. Kein Zuckerschlecken, doch der Geschichtenerzählerin in mir erschloss sich ein neuer Kosmos. Erzähltes wurde körperlich, Gefühle waren in ihrer ganzen Bandbreite sichtbar. So war es zu Urzeiten gewesen, als wir Menschen Sprachen entwickelten und die Erzählkunst begann. Wir gaben Wissen mündlich weiter, und das mit viel Gefühl, denn nur so prägen sich die Dinge ein. Im Laufe der Jahrtausende trennten wir irgendwann die Emotion von der Sprache, gewiss kein Meilenstein in unserer Entwicklung. Heute sind wir in der Lage, »ich liebe dich« mit demselben Gesichtsausdruck zu verkünden wie »ich hasse dich«. Wo fünf Buchstaben derart verschiedene Welten erschließen, gehört es zur Schauspielkunst, die Gemengelage unserer Gefühle dazwischen zu offenbaren.

Wie ich es mir erträumt hatte – ich will agieren, spielen, in die Haut anderer Menschen schlüpfen –, fühlte ich mich in dieser Welt geborgen. Nie gab es einen Blick zurück oder einen Satz des Bedauerns, ein »wäre ich doch in Paris geblieben«. Im Gegenteil, war ich nicht privilegiert? Ging mir das Geld aus, unterbrach ich die Schule für kurze Zeit, nahm einen Job als Model an, dann ging's auch schon wieder weiter. Vielleicht bin ich ja altmodisch in meiner Ansicht, doch glaube ich daran, dass eine Ausbildung, die man sich vom Mund abspart, die bessere ist. Mir wurde klar, wenn ich erst einmal durch dieses Feuer gegangen war, konnte mir später auf den Brettern, die die Welt bedeuten, oder am Set eines Filmes nicht viel passieren. Woran ich allerdings nicht dachte, war, dass die Stadt, die einst einen Maler beauftragte, die Flucht Christi auf ihre Stadtfahne zu pinseln, und der dafür Wasserfarben benutzte und nur für den Esel jene aus Öl, sodass dieser nach einem schwäbischen Platzregen mit Fug und Recht triumphierendes Geschrei ertönen ließ, zumindest in meiner Fantasie ... nun ja, dass Rottweil in meine New Yorker Geschichte eingreifen sollte, damit war nun wirklich nicht zu rechnen gewesen. Das kam so: Eines Tages tauchte ein Jugendschwarm meiner Mutter in Cannstatt auf. Er machte ihr schöne Augen, sagte die richtigen Worte, trennte nicht Gefühl von Sprache und hatte damit Erfolg. Mit ihm zog meine Mutter zurück nach Rottweil, und für einige Zeit sah es danach aus, als würde aus »probieren wir's mal miteinander« eine Ewigkeit werden. Mich erreichte ihr Anruf nach einem harten Probentag: Alle Sachen aus der Kreuznacher Straße kämen in die alte Reichsstadt, und zwar, wie es sich gehört, wenn zwei Menschen Nägel mit Köpfen machen, jetzt, sofort und *gladdweg glei'*.

Gladdweg glei' sodd ich nach Schduagrd komma, net zum schwanza z'ganga, sondern um mei' Zuigs z'pagga. Wir hatten einen kleinen Disput, meine Mutter und ich, denn ich hatte nicht vor, nach Stuttgart zu fliegen, um meine Sachen aus dem Haus zu schaffen. Dann tat ich es doch, ging aber *schwanza*, ein wahrlich bildhafter Ausdruck, wenn ein Mädchen beim Ausgehen fünfe grade sein lässt. So passierte, was ansonsten nur in

der Fantasie passiert. Ich traf mitten in Stuttgart einen New Yorker. Da war ich aus dem Großen Apfel an den Nesenbach gekommen, um den Mann kennenzulernen, der in meiner Wahlheimat und im Rest der Welt, zumindest im musikalischen Rest, geradezu Kult war, ein Gott des Jazz. An jenem schicksalhaften Abend stand John Lurie mit The Lounge Lizards auf der Bühne der Stuttgarter Liederhalle, und ich hatte mich unters begeisterte Publikum gemischt, anstatt *dahoim mei' Zuigs zu pagga*. Klar, *war d'Muddr nersch*, aber was kümmerte mich das, schließlich verknallte ich mich gerade bis über beide Ohren. Ich dachte fieberhaft darüber nach, wie ich nach dem Konzert hinter die Bühne gelangen konnte, und war bereit, jeden Trick anzuwenden, den man mir im Theatre Institute beigebracht hatte: die völlige Identifikation mit der Rolle. Doch das war alles gar nicht nötig. John stieg von der Bühne herab, kam direkt auf mich zu und stellte die einfache Frage: »Who are you?«
Und ich gab die einfache Antwort: »I'm Natalia.«

So standen wir uns gegenüber, und es trat ein, auf was man im Leben niemals vorbereitet ist: die Liebe auf den ersten Blick, *love at first sight*. Wir Deutschen und Engländer schauen uns dabei in die Augen, während in Frankreich und Italien gleich der Blitz einschlägt: *le coup de foudre, il colpo di fulmine*. Seither kann ich an der Liederhalle nicht mehr vorbei, ohne mich mit Freude und Leid, Lust und Kummer, Glück und Trauer an diesen Abend zu erinnern, denn meine Beziehung zu John wurde zur Achterbahnfahrt der Gefühle, wie es nicht anders sein kann, wenn zwei ungezähmte Menschen das Abenteuer eingehen, sich kennenzulernen. Auch daraus kann Heimat werden: An einem Ort noch Jahre später die Gesamtheit jeder nur denkbaren Empfindung zu spüren.

STRANGER
THAN PARADISE

Heimat ist für mich die Antwort auf die Frage, wer ich bin. Wo meine Familie ist und wo ich mich niemals verstellen muss. Und, nicht zu vergessen, wo meine Spätzle mit Soße gestern und heute und morgen immer gleich gut schmecken.

Aysen Bitzer

Nach Deutschland ging die Tournee von John Lurie and The Lounge Lizards in Italien weiter. Er lud mich ein, mit dabei zu sein, und ich schlug es aus, auf einmal der Sache nicht mehr so sicher. Stattdessen brach ich nach Südfrankreich auf, wo mein Vater seinen Urlaub verbrachte. Ich wollte Abstand von einer Menge verwirrender Gefühle. Doch kaum war ich ein paar Tage dort, sprach mich Monsieur Clairmont an, der Eigentümer des gemieteten Ferienhauses.

»Mademoiselle«, sagte er, denn das war ich in seinen Augen, eine Mademoiselle, die man vor den Gefahren der Welt schützen musste, »ich habe eine seltsame Nachricht erhalten.« Seinem Gesichtsausdruck war anzusehen, dass ihm der Inhalt nicht gefiel. »Ein Monsieur Lurie rief an, gleich dreimal, um genau zu sein. Er sprach davon, dass sie ihn morgen in Bordeaux abholen sollen.« So war das in den Zeiten, als es noch kein Handy gab, kein Internet und keine ständige Erreichbarkeit. Da musste man sich mächtig ins Zeug legen, um an eine Telefonnummer zu gelangen, und genau das hatte John getan. Wäre es nach Monsieur Clairmont gegangen, hätte sich sein Einsatz trotzdem nicht gelohnt. Doch ich stand 24 Stunden später am Aéroport de Bordeaux-Mérignac und beobachtete durch eine Glasscheibe, wie er sein ausladendes Tourgepäck inklusive drei Saxofonen auf einen Trolley wuchtete. Offenbar plante er einen längeren Aufenthalt. Dann fielen wir uns in die Arme und versicherten uns gegenseitig, wie sehr wir uns vermisst hatten. Und so war es auch: Vor John hatte es eine Lücke in meinem Leben gegeben, die nun verschwand. Zurück im Ferienhaus schloss mein jazzbegeisterter Vater John sofort ins Herz, und selbst Monsieur Clairmont zeigte sich von seiner gnädigen Seite. Der Ausdruck *tourterelles*, Turteltauben, fiel mehrfach, dann vermietete er uns ein Häuschen mitten im

Die Magie der Musik umgibt ihn immer: John Lurie in Frankreich, 1989

Wald, wo sich zwei Menschen finden konnten, die weit entfernt geboren worden waren, ohne etwas voneinander zu wissen, in New York eine vorübergehende Heimat gefunden hatten und jetzt im Süden von Frankreich ihre gemeinsame Liebe entdeckten. An diesem Ort die Zeit zu vergessen war leicht. Wir ließen die Welt draußen Welt sein, die Musik Musik, die Schauspielschule Schauspielschule.

Später bin ich mit John viel gereist, und immer war es so, dass wir unterwegs zur Ruhe fanden. Selbst in Kenia, wo ich ihn zum ersten Mal bei einer Tätigkeit vorfand, die später sein künstlerischer Fokus wurde: zeichnend und malend. Natürlich waren auch die Saxofone mit dabei, was unsere Fahrt von Nairobi nach Mombasa äußerst musikalisch gestaltete. Und filmisch: Mit einer einfachen Kamera drehte ich Johns berühmte Tänze vor einem blutroten afrikanischen Sonnenuntergang, und als der Regisseur Jim Jarmusch später die Aufnahmen sah, meinte er: »Bei meinem nächsten Film machst du die Kamera.« Da hatte er bereits mit John die Kultfilme »Stranger than Paradise« und »Down by Law« gedreht, bei denen sich niemand Sorgen um perfekte Kameraarbeit machen musste. Danach fuhren wir wieder kreuz und quer durch die Weltgeschichte, von New York ging es zurück nach Paris, wo wir im quietschgrünen Citroën Mehari vors Hotel Ritz kurvten, dem verdutzten Parkwächter den Schlüssel übergaben, damit er das legendäre »Renn-Dromedar« zwischen den Ferrari und Maseratis einparkte. Drinnen fand ein Fotoshooting mit dem Schauspieler John Malkovich statt, und kaum waren die Kameras weggeräumt, befanden wir uns auf dem Weg nach Stuttgart, wo Werner Schretzmeyer in seinem Theaterhaus in der Wangener Straße John für ein Konzert engagiert hatte. Dafür hatten The Lounge Lizards einen 16-jährigen Schlagzeuger aus der Bronx mit an Bord, der wie ein Besessener auf seine Drums und Snares einschlug, um nach dem Konzert schweißgebadet zu verkünden, nun wolle er Fisch essen, er habe gehört, so etwas gäbe es in Old Germany. Wie heißt doch gleich die Stadt, in der wir sind? »Stuttgart«, antwortete ich. Danach führte ich ihn in eines der besten Restaurants, wo wir einen fassungslosen Jungen erlebten, weil das, was auf den Teller kam, keine Fischstäbchen waren. So also sieht in Old Germany Fisch aus? *Weird!* Dann hieß es erneut, Koffer zu packen, da John in Los Angeles mit dem Regisseur David Lynch den Film »Wild at Heart« drehte. In der Adaption des Romans von Barry Gifford wird die Geschichte von Lula Pace und Sailor Ripley erzählt, deren Liebe auf der Flucht vor skrupellosen Gangstern einer harten Probe unterzogen wird. Ich war noch immer keine Schauspielerin, das atemlose Leben mit John hielt mich von der Schule fern, trotzdem spürte ich an Lynchs Set: In nicht

In meinem New York standen zwei Türme.

allzu ferner Zeit würde auch ich vor der Kamera stehen. Ich beobachtete Isabella Rossellini, William Dafoe und Nicolas Cage bei der Arbeit und lernte dabei mehr als in jedem Seminar. David Lynch praktizierte eine uramerikanische Art der Inszenierung, professionell und gleichzeitig entspannt. Während er im Regiestuhl saß, stand seine Tochter Jennifer hinter ihm und massierte seine Schultern. Diese Mischung aus Familienleben und Kreativität inspirierte mich, ich trage sie seither als Wunschbild für jeden meiner Filme in mir. Am Abend saßen wir beisammen und sprachen über die Dreharbeiten, denn jeder spürte, dass ein besonderer Film entstand. So war es auch: 1990 überzeugte »Wild at Heart« in Cannes die Jury unter ihrem Präsidenten Bernardo Bertolucci und gewann die Goldene Palme. Im selben Jahr wurde Gérard Depardieu in der Rolle des Cyrano de Bergerac als bester Schauspieler ausgezeichnet. Konnte ich in Los Angeles davon träumen, schon bald mit ihm vor der Kamera zu stehen? Selbstverständlich nicht. Doch die Zeit war nun reif, meine Zelte in New York abzubrechen und mich an einen Beruf heranzutasten, von dem ich noch gar nicht ahnen konnte, welche Anforderungen er an mich stellen würde. Ich beschloss, nach Deutschland zurückzukehren, und wählte Hamburg aus, eine weltoffene Stadt, eine Stadt der Theater und eine Stadt des Films. Diese Dreieinigkeit, fand ich, passte gut zu meinen Plänen.

BEGEGNUNG IM AUFZUG

*Heimat ist für mich der sentimentale Ort,
an dem ich mir selbst begegne. Mein sehr persönliches
Museum der erlebten Zeit, der bewahrten Momente,
der erinnerungswürdigen Begegnungen. Die Erinnerung
an nahe, vielleicht auch wieder ferne Menschen,
die ersten und die letzten Lieben, eingeprägte Düfte,
bestaunte Landschaften, bukolische Genüsse,
überstandene Abenteuer und auch
schmerzliche Erfahrungen.*

Wolf Bauer

Ich glaube an eine Dramaturgie des Lebens, daher war es nicht weiter verwunderlich, dass nach meinem Aufenthalt in den USA mein erster großer deutscher Film sehr amerikanisch daherkam. Der Regisseur Dominik Graf arbeitete seit geraumer Zeit an »Die Sieger«, ein Actionfilm mit für unsere Verhältnisse üppigem Budget. Das Casting bestand aus Herbert Knaup, Katja Flint, Hannes Jaenicke, Meret Becker, Heinz Hoenig und mir, und erzählt wurde eine spannende Geschichte von Freundschaft, Verrat und doppeltem Leben. Zwar wurde der Film kein Erfolg an der Kinokasse, doch ich mag ihn sehr und werde ihn auch deshalb nicht vergessen, weil er tief in mein Leben eingriff. Wir drehten in Düsseldorf und hatten Quartier in einem Hotel in der Altstadt bezogen, unweit der »längsten Theke der Welt«. Es lag aber nicht am obergärigen Bier, sondern an einem anstrengenden Nachtdreh, dass mir dort eines Nachmittags Herbert Knaup in einen Bademantel gehüllt im Aufzug gegenüberstand.

»Aufwärts oder abwärts?«, fragte ich, und wenn mich nicht alles täuscht, lautete die Antwort »aufwärts«, obwohl er eigentlich hinab in die Lobby wollte. Bei den Dreharbeiten waren wir uns bisher selten über den Weg gelaufen, denn Herbert spielte die Hauptrolle, Polizeihauptmeister Karl Simon, Leiter eines Spezialeinsatzkommandos, während ich eine Nebenrolle hatte. Herbert gehörte zu dieser Zeit bereits zu den gefragtesten Theaterschauspielern der Republik und war gerade dabei, sich die Welt des Films zu erobern. Seine Rolle des Karl Simon mit einer Menge Stunts und Actionszenen erforderte viel Einsatz von ihm. Die Anstrengungen des Nachtdrehs waren aber vergessen, als sich die Aufzugstüren hinter uns schlossen. Was kam, war einer dieser magischen Momente, die das Leben für uns bereithält und vor denen wir uns mitunter auch fürchten:

Schließlich war ich nach der Liaison mit John, die sich am Ende zur nicht lösbaren transatlantischen Fernbeziehung entwickelt hatte, mit dem Dokumentarfilmer Boris Penth zusammen, während Herbert am Ende einer Beziehung stand. Nun sahen wir uns in die Augen, und obwohl der Aufzug nach oben fuhr, war es, als sei er stehen geblieben, und die Zeit gleich mit ihm. So kam uns auch der Rest der Dreharbeiten vor. Als wir mit Dominik und dem Team den erfolgreichen Abschluss feierten, war mir nicht nach Party zumute. Wie sollte es jetzt weitergehen? Eine weitere Fernbeziehung wollte ich nicht, doch ihn gar nicht mehr wiedersehen, wollte ich noch weniger. Natürlich kommt es bei Dreharbeiten immer mal wieder zu einer Romanze, was kein Wunder ist: Eine Gruppe Schauspieler lebt gemeinsam auf engstem Raum, sieht sich rund um die Uhr, arbeitet zwölf, 14 oder 16 Stunden am Tag, muss den einen oder anderen Seelenstriptease hinlegen, um den Rollen gerecht zu werden. Da kann es schon passieren, dass man sich näherkommt. Nach der letzten Klappe geht dann jeder wieder seiner eigenen Wege, sie wirkt wie der Stein, den man ins Wasser wirft, um auseinanderstrebenden Kreisen wehmutsvoll hinterherzublicken. Würde es bei uns ähnlich sein? Ich kehrte nach Hamburg zurück, während Dominik Herbert noch für einige Nachtdrehs unter Beschlag nahm. Drei Wochen gingen ins Land, dann klingelte es an der Tür. Ich öffnete, Herbert stand da. In jeder Hand hielt er einen Koffer, um seine Lippen spielte ein Lächeln.

»Etwas hört auf, etwas fängt an«, sagte er. Vielleicht sagte er es auch nicht, und ich bildete mir die Worte nur ein. Denn so war es: Etwas hörte auf, etwas fing an, und plötzlich hatte ich einen Mann an meiner Seite, der dieselben Träume verwirklichen wollte wie ich. Das Schicksal hätte es nicht besser mit uns meinen können.

Natalia und Herbert beim Fotoshooting mit Ellen von Unwerth in New York

Herbert stammt aus Sonthofen, ist also gebürtiger Bayer aus dem schwäbischen Teil des Bundeslandes. Der Schwäbische Kreis und das Herzogtum Schwaben haben hier geherrscht, man spricht bayerisch mit schwäbischem Einschlag, eine vollendet erotische Mischung. Als gestandener Theatermann kann Herbert natürlich auch Hochdeutsch, was bei uns Restschwaben anders ist, wenn man unserer eigenen Reklame trauen darf. Seine Ausbildung absolvierte er an der Münchner Otto Falckenberg Schule, um danach auf allen renommierten Theaterbühnen im deutschsprachigen Raum zu reüssieren, egal in welchem Dialekt. Dann kam sein Filmdebüt, danach ein »Tatort« und im Anschluss der erste Kinofilm von Regisseur Christian Wagner: »Wallers letzter Gang« erzählt die Geschichte des Streckengehers Waller, dessen Aufgabe die Kontrolle einer Bahnstrecke im Allgäu ist, die stillgelegt werden soll. Die Filmarbeiten führten Herbert zurück in seine Heimat, denn gedreht wurde an der Strecke Kempten-Isny, die tatsächlich ein paar Jahre zuvor aufgegeben worden war. Nach diesem Film konzentrierte sich Herbert wieder auf die Theaterarbeit. Doch als Dominik Graf auf der Suche nach einem Hauptdarsteller war, brachte die Casterin Sabine Schroth seinen Namen ins Spiel. Der Rest ist Geschichte. Für die Rolle als Karl Simon erhielt er den Bayerischen Filmpreis, danach fügte sich eine namhafte Produktion an die andere: Von »Schlafes Bruder« über »Lola rennt«, »Das Leben der Anderen«, »Mogadischu« und »Der Mann mit dem Fagott« bis zu »Irren ist männlich«, wo wir gemeinsam vor der Kamera standen.

Auch bei mir hatte die Arbeit mit Dominik weitreichende Folgen. Er war der Exmann der Regisseurin Sherry Hormann, die an einem Film mit dem Titel »Frauen sind was Wunderbares«

arbeitete und gerade dabei war, die richtige Besetzung zusammenzustellen. Wie Herbert und ich es später ebenfalls tun würden, tauschten sich die beiden auch nach der Trennung über ihre Projekte aus. Und so fiel der Satz von Dominik: »Schau dir doch mal Natalia an.« In »Die Sieger« war meine Rolle nicht groß gewesen, und auch in diesem Film sah Sherry für mich nur eine kleine Rolle vor. Doch ich war begeistert von der Aussicht, mit ihr arbeiten zu dürfen. Sherry ist in der Kleinstadt Kingston im Hudson River Valley nahe New York aufgewachsen, im Alter von sechs Jahren mit ihrer Familie nach Deutschland gekommen, wo sie das Abitur machte, um gleich darauf mit einem Studium an der Hochschule für Fernsehen und Film in München zu beginnen, eine der besten Adressen für angehende Filmemacher. Dort legte sie gleich mehrere Talente an den Tag: fürs Drehbuchschreiben, für die Ausstattung und die Regie. Kein Wunder, zeigten sich ihre Filmarbeiten von Anfang an als wahre Perlen. Für ihren Erstling »Leise Schatten« hagelte es massenhaft Preise: den Bundesfilmpreis für Musik und für die beste Darstellerin, den Bayerischen Filmpreis für die beste Nachwuchsregie und den Interfilmpreis des Max Ophüls Filmfestivals. Jetzt wollte sie sich mit »Frauen sind was Wunderbares« auf das heikle Gebiet der Komödie wagen. Darin liegt die größte Herausforderung, schließlich ist kaum etwas persönlicher als Humor. »Wer lacht über was?« gehört zu den schwierigsten Fragen, und so kommt es, dass sich die meisten Filmemacher viel leichter damit tun, für knisternde Spannung zu sorgen und eine ordentliche Portion Gänsehaut. Das Auditorium zum Lachen zu bringen ist eine Kunst, die nur wenige beherrschen. Zu diesen gehört Sherry, und in »Frauen sind was Wunderbares« trat sie den Beweis an. Kai Wiesinger spielt einen Dozenten, der sich nicht sehr geschickt anstellt im Umgang mit dem weiblichen Geschlecht. Ganz anders sieht sich Thomas Heinze als TV-Autor. Er hält sich für geradezu unwiderstehlich, dabei ist er in der Hochzeitsnacht von seiner Frau rausgeschmissen worden. Die beiden Männer verlieben sich in Barbara Auer, die sich weder für den einen noch den anderen entscheiden kann, während ich eine Tänzerin spiele, eine Figur, die man in Amerika den *sidekick* nennen würde. Noch immer sah ich mich in der Rolle der Lernenden, und ehrlich gesagt, tue ich das heute noch, weil es in diesem Beruf ständig darum geht, Neues zu wagen und sich weiterzuentwickeln. Sherrys Regie und Herberts Ratschläge gaben mir die Sicherheit, die für einen Schauspieler wichtig sind, da es unser Job verlangt, ein Paradox zu bewältigen, die Quadratur des Kreises zu bilden: Am Set müssen wir die Kontrolle über uns selbst verlieren, aber gleichzeitig die Kontrolle über unsere Figur gewinnen. Das ist eine der größten Herausforderungen, der man am besten mit Offenheit und Neugierde entgegentritt. Sie brachte mich dazu, immer wieder ganz unterschiedliche Rollen anzunehmen. Jede davon konfrontierte mich mit einem anderen Teil meines Ichs, und die daraus resultierende innere Entwicklung macht für mich den Reiz des Berufes aus. Vielleicht bin ich deshalb so mit Dankbarkeit erfüllt, dass ich diesen Weg gehen durfte und darf.

Sherrys Film gab mir die Gelegenheit, mich auf dem Feld der Komödie auszuprobieren. Diese liegt von der Tragödie gar nicht weit entfernt, allein unser persönlicher Blickwinkel macht den Unterschied. Wer könnte das besser ausdrücken als Woody Allen? »Es gibt nichts Tragisches oder Komisches«, sagte er. »Nur sehen die einen das Leben als Unglück, während die anderen über dieselben Dinge Witze reißen.« Mir war beschieden, mit Regisseurinnen wie Sherry Hormann und Ulrike Grote auf Meisterinnen dieses schwierigen Fachs zu stoßen. Beide sind in der Lage, eine Geschichte auf lustige Art und Weise zu erzählen, ohne dass die Ernsthaftigkeit des Themas auf der Strecke bleibt. Das kannte ich bisher nur von Jim Jarmusch. Auf einer Reise mit John nach Rom hatte ich Roberto Benigni kennengelernt, der bei Jarmuschs »Down by Law« den Falschspieler Roberto spielte. Jim, John und Benigni, dazu Tom Waits in der Rolle des Zack, das war ein Quartett, das geradezu nach Tragödie rief, nun aber eine skurrile Komödie wurde. Roberto trat Jahre später mit seinem Film »Das Leben ist schön« den endgültigen Beweis an, dass man mit jeder Geschichte, selbst wenn sie im KZ spielt, dem Lachen seine Freiheit schenken kann. Millionen von Zuschauern auf der ganzen Welt sahen es ähnlich, und als »Das Leben ist schön« für sieben Oscars nominiert und in den Kategorien Bester fremdsprachiger Film, Bester Schauspieler und Beste Filmmusik ausgezeichnet wurde, war das Beweis genug. Wie nah sich Komödie und Tragödie stehen, zeigt sich schon darin, dass wir Tränen lachen oder Tränen weinen. Das Ergebnis ist dasselbe, der Anlass aber nicht. Passiert in einem Film beides, haben wir als Filmschaffende unser Ziel erreicht.

Obwohl Herbert und ich jetzt oft vor der Kamera standen, sprachen wir gerne übers Theater. Ausgerechnet im verflixten siebten Jahr unserer Beziehung sollten wir gemeinsam eine Produktion der Hamburger Kammerspiele bestreiten. »The Blue Room« heißt ein Zwei-Personen-Stück des Autors David Hare. In London und New York hatte es bereits für mächtig Furore gesorgt, vor allem die Broadway-Inszenierung von Oscar-Regisseur Sam Mendes mit Nicole Kidman sorgte für

Schlagzeilen. Uns interessierte die Rollenvielfalt, die das Stück bot. Raus aus der einen Haut, rein in die nächste: Herbert als Taxifahrer, Student, Politiker, Dichter und Aristokrat, ich als Au-pair-Mädchen, Prominentengattin, drogensüchtiges Modell und Hure – das klang nach einer echten Herausforderung. Eine intensive Zeit begann. Tagsüber das Zusammenleben zweier Menschen, deren private Liebe wie ein Bild war, das gerade am Verblassen ist. Abends dann das gemeinsame Spiel voller Intensität auf der Bühne. Das ist nicht möglich, könnte man glauben, doch tatsächlich wurde »The Blue Room« zu einem der erfolgreichsten Stücke der damaligen Zeit.

Werde ich heute gefragt, worin eigentlich der Unterschied zwischen der Arbeit für den Film und der fürs Theater besteht, steht an Nummer eins die Art und Weise des Erzählens. Am Theater spielen wir die Geschichte von Anfang bis Ende durch, während wir beim Film in der Regel nicht chronologisch drehen, das wäre zu teuer. Stattdessen filmen wir häppchenweise, was dazu führt, dass die Schauspieler am Vormittag ihre Figur in einer anderen emotionalen Lage vorfinden als am Nachmittag. Wer da ihre Entwicklung nicht aus dem Effeff kennt, ist verraten und verkauft. Dafür erlaubt der Film, eine Szene zu wiederholen, wenn mal etwas nicht klappt. Fehler, die passieren, sind noch kein Grund, *uff dr Sau nausz'fahra*. Davon konnte Billy Wilder ein Liedchen singen, der wie kaum ein anderer Regisseur die Klaviaturen von Komödie und Tragödie beherrschte. Er erzählte, wie bei der Arbeit an seinem Film »Manche mögen's heiß« mit Tony Curtis, Jack Lemmon und Marilyn Monroe, letztere den Dreh um 20 Tage ausdehnte, weil ihre Szenen oft wiederholt werden mussten. Das hatte eine Menge mit Lampenfieber zu tun, vor dem keiner von uns gefeit ist, und Marilyn, hoch talentiert und hochsensibel wie kaum eine andere Schauspielerin, war es eben auch nicht.

Am Theater haben wir immer nur *eine* Chance, und die gilt es zu nutzen. Der größte Unterschied liegt für mich aber darin, auf der Bühne die sofortige Reaktion des Publikums mitzubekommen. Wir Schauspieler spüren sofort, wie die Sache ankommt, ob unser Auftritt eine seelische Kraft hat. Sollte das mal nicht der Fall sein, fühlt es sich an, als ob man gegen eine Wand läuft. Ist das Publikum dagegen begeistert, trägt es die Schauspieler mit sich. Diese puren Emotionen sorgen dafür, dass man ein Stück auch viele Abende hintereinander spielen kann, ohne davon müde zu werden. Beim Drehen weiß kein Mensch, wie die Zuschauer reagieren. Gewiss, manchmal ahnen wir, dass wir es mit einer ganz besonderen Geschichte zu tun haben, und das war bei den Dreharbeiten zu »Die Kirche bleibt im Dorf« der Fall gewesen. Da konnte jeder spüren, dass es ein ganz besonderer Film wird, verspielt und sehr originell, aber nicht nur wegen der Sprache. Trotzdem war die Überraschung groß, wie gut das Publikum den Film annahm. Kino ist eben überhaupt nicht kalkulierbar. Selbst in Hollywood, wo man versucht, die superteuren Sommerblockbuster akribisch genau zu planen, gibt es niemand, der tatsächlich weiß, was am Ende gefallen wird und was nicht. Deshalb ist es egal, wie viele Filme man in seinem Leben gedreht hat: Die Premiere zählt immer zu den aufregendsten Stunden im Leben eines jeden Regisseurs, Schauspielers, Produzenten, Drehbuchautors, Kameramanns und für alle anderen der oft Aberhunderten von Mitarbeitern. Weil keiner vorhersagen kann, ob der Film ankommt oder nicht, gilt die Branche als riskant. Unter meinen schwäbischen Landsleuten werde ich kaum einen

Fabrikanten finden, der bereit ist, ein Produkt herzustellen, von dem er nicht weiß, ob es die Leute mögen. »*Ha, so bled wära' mo' sei '*«, würde er mir auf einen entsprechenden Vorschlag entgegnen. Wir aber stochern im Heuhaufen nach der Gunst des Publikums. Für Menschen mit schwachen Nerven ist das kein geeigneter Beruf. Vielleicht ist dieses hohe Wagnis ein Grund dafür, warum mein Heimatländle bis heute ein noch recht jungfräuliches Filmländle ist. Das hat auch Vorteile, denn noch immer kann meine Heimat mit unverfälschten Motiven aufwarten: Stuttgart zum Beispiel gehört für mich zu den aufregendsten *locations* in Deutschland, von der Topografie vergleichbar mit Florenz oder San Francisco: 400 Meter Höhenunterschied innerhalb einer Großstadt kann sonst niemand bieten. Dazu gibt es modernste Architektur, aber auch düstere Industrieareale wie in Gotham City. Trotzdem ist Stuttgart auch die grünste Stadt Deutschlands, mit einer enormen Waldfläche und riesigen Grünanlagen, gegen die der Central Park in New York ein mickriges *Pärkle* ist. Einst ließ König Wilhelm I., der begeistert von Bäumen war, den Samenhändler Christian Schickler aus Amerika Samen von Mammutbäumen mitbringen. 5000 Setzlinge wurden gezogen und im ganzen Land gepflanzt. So steht heute nahe der Stuttgarter Weinsteige im Wernhaldenpark ein kleiner Wald von 40 Mammutbäumen, und rund ums Schloss Rosenstein kann man sommers in ihrem Schatten ruhen, bevor die erste Fußgängerzone der Bundesrepublik zu rasanten Verfolgungsjagden auf zwei Ebenen lockt, wie auch die 400 *Stäffele* genannten Treppen im ganzen Stadtgebiet. Michael Douglas alias Inspektor Steve Keller hätte daran seine Freude gehabt. Zwei gigantische Volksfeste, die steilste Bahnstrecke Europas mitten in der Stadt, der einzige zoologisch-botanische Garten der Republik, 40 Schlösser und

Burgen im Umland ... *wer do net zugreift isch sälber schuld.*
Am häufigsten greifen die Studenten der Filmakademie Baden-Württemberg zu. Die gibt es zwar erst seit 1991, doch hat sie sich in der Zwischenzeit zu einer der international renommiertesten Filmhochschulen gemausert. Davon künden zahlreiche namhafte Preise wie mehrere Studenten-Oscars und Grimme-Auszeichnungen. Die Journalisten vom »Hollywood-Reporter«, die es ja wissen müssen, setzten die Filmakademie als einzige deutsche Einrichtung auf die Liste der besten Filmhochschulen weltweit. Mittlerweile tummeln sich auf dem Campus in Ludwigsburg auch die Studenten der Akademie für Darstellende Kunst, eine Schauspielschule, die Theater und Film miteinander verknüpft. Wer weiß, wäre ich ein paar Jahre später zur Welt gekommen, hätte ich meine ersten Schritte als Schauspielerin womöglich nicht in New York gemacht, sondern in der barocken Umgebung von Ludwigsburg.

IM WESTEN STEHEN DIE FEINDE DICHT

Eigentlich hat sich mein Gefühl im Kreis gedreht:
So wie ich als Kind Bad Cannstatt, unser Haus in der
Kreuznacher Straße und unsere ursprüngliche Familie
natürlich als Heimat angesehen habe, hatte sich
das Bild gewandelt, und viele Jahre war meine Heimat
da, wo ich eben lebte. Aber die alten Bilder sind
doch die stabileren, und ich empfinde
in der Tat eher wieder so wie früher.

Verena Wörner

»Ihr seid Schauspieler, nicht wahr? Ich kenne euch aus dem Fernsehen!« Der dänische Zöllner streckte seinen Kopf ins Auto und musterte Herbert und mich neugierig. Wir waren unterwegs in die Ferien, ein paar Hundert Kilometer weiter nördlich wartete ein Häuschen am Strand auf uns. Wind, Wellen und Einsamkeit, genau das Richtige, um mal ein wenig auszuspannen. Unser Leben hieß raus aus dem Koffer, rein in den Koffer, ab zum nächsten Dreh. Hatten wir gemeinsam ein paar freie Tage, setzten wir uns daher gerne ins Auto und fuhren ins Allgäu zum Wandern, in die Pyrenäen zum Campen, jetzt sollte es Dänemark sein. Der Zöllner hatte genug gesehen, er wünschte uns einen schönen Tag, und Herbert gab Gas. Das ist eine seiner Leidenschaften: das sportliche Fahren sportlicher Autos. Nach einer Weile sagte ich: »*Gell, Schätzle, du weisch' scho', wenn auf 'nem Schild 80 stoht, isch net 160 g'moint.*« Manchmal ist Schwäbisch die beste Art und Weise, seine Meinung kundzutun, trotzdem blieb ich der einsame Rufer in der Wüste. Die herrliche Ebene bis zum Horizont, ohne Sonthofener Berge, die einem immerzu den Weg versperren! Dazu eine schnurgerade Straße und die ordentliche Anzahl Pferdchen unter der Kühlerhaube! Was kann ein leidenschaftlicher Fahrer da schon anderes tun, als dänische Landschaften vorübersausen zu lassen? Im nächsten Augenblick blitzte es, und ein paar Hundert Meter weiter winkte uns ein dänischer Ordnungshüter in eine Parkbucht.

»So«, sagte ich. »*Jetzt gucksch, wie du aus sällem Schlamassel rauskommsch.*«

Schon steckte der nächste freundliche Däne seinen Kopf zum Fenster herein, dieses Mal in weiblicher Ausgabe. Sie sagte nicht, euch kenne ich aus dem Fernsehen, sie sagte: »Sie wissen, dass man hier nur 80 fahren darf.«

Ich biss mir auf die Lippen, mein »*gell, Schätzle, des hot dir koiner vo'zählt*« blieb unausgesprochen. Herbert setzte sein schönstes Lächeln auf, und was er damit ausrichten kann, weiß niemand besser als ich. Doch das dänische Publikum blieb unbeeindruckt. »Das kostet Sie 500 Mark.«

»Was?« Jeder gute Schwabe müsste jetzt *n' Herzkaschbr kriega* und laut *herumbruddeln:* »*Des isch abr ganz sche habbich!*« Was auf Hochdeutsch heißt: Wucher! Habgier! Straßenraub! Herbert sah das auch so und begann die deutsch-dänischen Verhandlungen, in der immer wieder das Wort »Gefängnis« fiel. Offenbar meinte man es ernst.

»Blechen oder ab in Bau«, murmelte Herbert. »Das ist ja ein Ding.« Dann nahm er die Diskussion wieder auf, und das auch recht geschickt, wie ich fand, bis zu dem Augenblick, als die dänische Beamtin stoisch wiederholte: »500 Mark. Oder ins Gefängnis.« Sie war uns über, und außerdem im Recht. Muss sich ein Schwabe auf so schnöde Weise von seinem Geld trennen, benutzt er dafür den Ausdruck *vrbubbabbera.* Das ist, was uns blühte: *D' Geldbeitel uffmacha', d' Kreizerle raushola', älles sällem frecha' Luadr in d' Hand drucka', die ganz Sach' vrbubbabbera.* Die Beamtin zählte zweimal nach, dann sagte sie: »Sie beide sind doch Schauspieler, oder?« Da gab Herbert Gas, beschleunigte auf sanfte 80, solange die Wegelagerer in Sicht waren, dann auf die üblichen 160. Nach zehn Minuten stummen Rasens fuhr er rechts ran.

»Das war witzig, oder?«, fing er an und lachte schon, wie nur Herbert lachen kann. »Die haben uns abgeledert.«

Seine Fröhlichkeit ist ansteckend wie eine Ladung Bazillen im Winter, da ist jeder Widerstand zwecklos. Wir saßen im Auto und hielten uns die Bäuche, bis wir in der Lage waren, in Rennfahrermanier das Feriendomizil anzusteuern. Wieder einmal hatte sich gezeigt, wie recht doch Woody Allen hat: Es kommt darauf an, wie wir die Dinge sehen, ob sie uns am Ende im tragischen oder komischen Licht erscheinen. Hier an der deutsch-dänischen Grenze, zusammen mit Herbert, der das Lachen liebt, erschien es leicht, die amüsante Seite der Geschichte herauszukitzeln. Wir spornten uns gegenseitig an und legten einen gesunden Ehrgeiz an den Tag, um in unserem Beruf immer besser zu werden. Gleichzeitig liebten wir es, die Welt zu entdecken, egal, ob bei einem Trip durchs Ländle oder bei einem Tauchurlaub in der Südsee.

Eines Tages rief unsere Symbiose die Fotografin Ellen von Unwerth auf den Plan, selbst ein Energiebündel, verband uns noch einiges mehr: Mit Herbert teilte sie eine Kindheit im Allgäu, die erste Jugendliebe, mit mir ihre Karriere als Model. Hatte ich mich selbst in dieser Zeit danach gesehnt, vor der Kamera zu agieren, bekam Ellen Lust darauf, sich der Fotografie zu widmen. Das war 1986 in Kenia der Fall gewesen. Dort machte sie aus purer Freude Bilder von ein paar Kindern, und als wenig später in Paris erfahrene Leute das Ergebnis sahen, waren sie hin und weg. Ähnlich wie Karl Lagerfeld, Jean Paul Gaultier und andere Hochbegabte ging auch Ellen ihren Weg ohne spezielle Ausbildung an. *Learning by doing* heißt die Devise. Schon bald setzte sie für die französische Zeitschrift *Elle* eine Anzeigenkampagne für Jeans in Szene. Dazu wählte sie ein 17-jähriges Mädchen aus, dessen Name die Welt kennenlernen sollte: Claudia Schiffer. Seit dieser Zeit standen Weltstars wie Eva Herzigová, Kate Moss, Nadja Auermann, Naomi Campbell, Catherine Deneuve, Rihanna, Britney Spears und Madonna vor ihrer Kamera. Mit uns traf sich Ellen in New York. Wir fotografierten einige Tage drinnen und draußen, an den Piers

Prinzessinnen dürfen auch mal ernst sein.

der Lower East Side und unter den Pfeilern der Brooklyn Bridge, auf der mich Jahre zuvor ein paar Bauarbeiter vor dem gefräßigen New Yorker Straßenverkehr gerettet hatten.

Mir gefällt es, an Orte zurückzukehren, an die ich besondere Erinnerungen knüpfe. Dabei spielt es keine Rolle, ob es Bad Cannstatt ist oder New York City. Ich gehe durch die Straßen, durch die ich früher gegangen bin, und spiele ein Spiel mit mir: Schaffe ich es, mich doppelt zu sehen? Damals, als ich in der Vergangenheit Spuren hinterließ, heute, wenn ich es erneut tue? Ist es möglich, die Geschehnisse dazwischen einzufangen? David Lynch erzählte bei den Dreharbeiten zu »Wild at heart«, wie sehr ihn die Widersprüchlichkeit der Zeit fasziniert. Jede Uhr behauptet, die Zeit verläuft linear, doch manchmal ist sie eher ein Bild von M.C. Escher, etwas ohne Anfang und ohne Ende. So erging es mir kürzlich wieder. Da spazierte ich durch Cannstatt, und das Gefühl unzähliger Déjà-vus verfolgte mich vom ersten Schritt an: am Haus von Großmutter Johanna fährt noch immer eine Straßenbahn vorbei, man hat nur die Nummer 21 durch eine Nummer 2 ersetzt, und die Wagen sind moderner. Doch schaut nicht Omas Gesicht aus dem Fenster, stumm und wartend wie all die Jahre? Unten hat der »Salon Umberto« dieselben hochtoupierten Schönheiten in der Auslage, es überlagern sich Zeitschichten, gestern und heute sind eins. Einige Schritte weiter das Haus, in dem ich den Tanzkurs absolvierte. »Tanzschule Schicki«, ein Ort voller Hoffnungen und Enttäuschungen im Leben einer Halbwüchsigen, auch daran wird sich nie etwas ändern. Dann die Brunnenanlage aus den 1950er-Jahren, Betonbecken mit ausgelegten Kieselsteinen, als Kind starrte ich stundenlang hinein, dasselbe tue ich wieder. Die Zeit, die dazwischen lag, ist sie weitergezogen? Von Uhren weggetickt? Existiert sie in einer anderen Dimension?

Damals in Kalifornien kündigte David Lynch an, eines Tages eine Geschichte zu verfilmen, bei der Anfang und Ende im selben Moment spielen, obwohl dazwischen Tage und Wochen der Erzählzeit liegen. Daraus wurde »Lost Horizon«, ein Meisterwerk der Filmkunst, das uns beim Betrachten den Spiegel vorhält, wie einfach uns die Zeit zum Narren halten kann. Das bemerkte ich bei meinem Spaziergang auf Schritt und Tritt. Das ehemalige Frauengefängnis von Cannstatt: Schaudernd war ich in meiner Kindheit davor gestanden und hatte darüber nachgegrübelt, wie hinter den dicken Mauern die Zeit vergeht. Heute sind aus Zellen schicke Wohnungen geworden, das schwere Gefängnistor ist geblieben, der Schrecken hängt noch immer in der Luft. Wie damals lenke ich meine Schritte zurück zur Freude, vom Gefängnis zum Spielwarenladen. Glaser heißt er, und Gott sei's getrommelt und gepfiffen, es gibt ihn noch. Er war für mich wichtig gewesen, wie auch die Boutique um die Ecke in der Erbsenbrunnengasse. Dort bekam ich meine erste Jeans, ein wichtiges Ereignis im Leben eines Mädchens. Der Laden hat zugemacht, die Leuchtreklame hängt noch am

Haus. Menschen verschwinden, Marken bleiben, daran hätte David Lynch seine Freude. Dann stehe ich auf einmal vor dem Heimatmuseum. Es ist im ältesten Wohnhaus Stuttgarts untergebracht, dem Klösterle aus dem Jahr 1463. Davor ist ein Schild angebracht, auf dem zu lesen steht, dieser Name rühre von den Beginen her, einer religiösen Frauengemeinschaft ohne feste Ordensregeln, die einst hier Unterschlupf fanden. Als ich drinnen meinen Obolus begleiche, ist das Erste, was ich zu hören kriege: Stimmt gar nicht. Neue Forschungen zeigen … von wegen Beginen … alles war ganz anders … Geschichte muss neu geschrieben, Broschüren, Prospekte, Bücher, Schilder in die Tonne gestampft werden. So passiert es mit dem, was wir für wahr erachten, bis zu dem Moment, an dem uns die Zeit und ihr Verbündeter, die Erinnerung, eines Besseren belehren. Im Klösterle wird an diesem Tag an den Ersten Weltkrieg erinnert. In der Ausstellung ist zu sehen, wie junge Männer mit Hurra aufs Schlachtfeld zogen, um dort getötet zu werden oder als Krüppel zurückzukommen. Und aus welchem Grund? Da dichteten die Werbetexter der damaligen Zeit für die bitter nötigen Kriegsanleihen mit dem ihnen zur Verfügung stehenden Zynismus:

Zu Deutschlands Ehr' und Trutz
Weib, Kind und Herd zum Schutz
Germanenschwert, Germanenfaust,
auf unserer Feinde Schädel saust.

Im Westen stehen die Feinde dicht.
Es will ihr Hass dein Land verschlingen,
dich selbst in Sklavenketten zwingen.
Du aber steh und wanke nicht.

Das war vor 90 Jahren, ist knapp vier Generationen her, und ich frage mich, könnte Gleiches wieder geschehen? Wir haben uns in der Zwischenzeit ein Heimatgefühl zugelegt, das nicht an Landesgrenzen aufhört. Dafür bin ich der beste Beweis. Wo immer ich lebte, stellte ich fest, dass fremd bleibt, was man nicht an sich ranlässt. Für eine Schauspielerin eine Unmöglichkeit. Wie könnte ich meinen Beruf ausüben, wenn ich Fremdes nicht verstehen, verkörpern und integrieren will? Mit Herbert tauschte ich mich häufig über solche Fragen aus. Er hat in seiner Karriere genug fremde Leben verstanden, verkörpert und integriert, um Bescheid zu wissen. Kein Wunder, dass er eine klare Meinung hatte, als wir nach dem Dänemarkurlaub nach Hause kamen, ohne weitere Zwischenfälle und unter Berücksichtigung sämtlicher Regeln der Straßenverkehrsordnung, und ich dort eine Nachricht vorfand. Der Produzent des neuen Films von Gérard Depardieu wollte mich kennenlernen. Also raus aus dem Koffer, rein in den Koffer, ab nach Paris? »Selbstverständlich«, sagte Herbert. »Das ist gar keine Frage!«
Das Kennenlernen mit dem Produzenten fand bei einem Abendessen statt, so macht man das in Frankreich. Dort eröffnete mir der Mann noch vor dem Aperitif: »Meinen Vater und Großvater habe ich nie kennengelernt. Wegen euch Deutschen. Wegen Ihnen.«
Wegen Ihnen. Das sagte er tatsächlich. *Im Westen stehn die Feinde dicht*, und auf einmal kam alles auf den Tisch, was an Schuld und Sühne nie aufgelöst worden war. Der Produzent sah in mir die Fremde, niemand, den man näher kennenlernen sollte. Nur Gérard zuliebe säße er hier, doch wenn es nach ihm ginge, würde ich die Rolle niemals bekommen. *En aucun cas, jamais de la vie.* Auf gar keinen Fall, im Leben nicht. Gérard selbst sah die Dinge anders. Was ihn faszinierte, war eine Ge-

schichte, in der wie bei »Dr. Jekyll und Mr. Hyde« oder Jahre später bei John Woos »Face Off« ein Persönlichkeitstausch im Mittelpunkt stand. Er bestand darauf, dass nicht *jamais de la vie* seinen Willen bekam, sondern die Kunst sich durchsetzte. »Du bist die Richtige für die Rolle«, sagte er, und so spielte ich in »La Machine« an seiner Seite.

Gérard erwies sich als vollendeter Gentleman, er war, wie ich das häufig erlebte, anders als sein Bild in der Öffentlichkeit. Am Set erzählte er mir, wie er als Kind einer armen Arbeiterfamilie jahrelang Probleme gehabt hatte, lesen und schreiben zu lernen, und vor allem, sich mit Worten auszudrücken. Er habe kaum sprechen können, sagte er, und das änderte sich erst, als eine Therapie des französischen HNO-Arztes Alfred A. Tomatis begann. Der hatte Pionierarbeit geleistet auf einem bisher kaum beackerten Gebiet, nämlich dem Zusammenhang der Fähigkeit des Hörens für die menschliche Kommunikation und deren früher Ausbildung im Mutterleib. Tomatis fand heraus, dass sich das Innenohr eines Fötus schon im fünften Schwangerschaftsmonat zu seiner endgültigen Größe herausgebildet hat und im späteren Leben nicht mehr weiterwächst. Aus seinen Erfahrungen entwickelte er später eine Therapieform, die Menschen mit eingeschränktem Hör- und Sprachvermögen hilft, ihre Kommunikationsfähigkeiten auszubauen. Gérard brachte es dazu, den Cyrano de Bergerac spielen zu können, einen französischen Dichter des 17. Jahrhunderts, der seinem Nebenbuhler, um die Gunst der schönen Roxane zu erlangen, seine eigenen sprachlichen Meisterleistungen verleiht. Als er mir von seiner Jugend erzählte, wurde mir klar, wie gut ich es gehabt hatte. Wir hatten zu Hause immer miteinander geredet, im schönsten Schwäbisch, wie es sich gehört.

Trotzdem sollte es lange dauern, bis ich selbst meinen »Cyrano« spielen durfte: Erst bei der Kirche, die im Dorf bleiben sollte, wurde mein schöner Dialekt kinofähig, und bis dahin sollte *no' viel Wasser d' Neckar na' ganga'*.

Zu der Zeit, als ich meiner Heimat den Rücken kehrte, gab es Lehrer, die uns Schülern das Schwätzen im Dialekt verboten. Mit ihrer Meinung, Mundart zu sprechen sei eine besonders krasse Form der Rückständigkeit, waren sie nicht allein. Bei unseren französischen Nachbarn war das ebenfalls gang und gäbe. »Le Patois« nannte man dort den Dialekt, das Wort stammt aus dem Altfranzösischen, das »mit den Händen herumfuchteln« bedeutet. Wer Dialekt spricht, macht es also unbeholfen, verständigt sich mit Händen und Füßen, ist ein unkultivierter Klotz. Mit der Zentralisierung Frankreichs starb »le patois« immer mehr aus, doch seit den 1980er-Jahren gibt es eine Rückbesinnung auf die Mundart. Heute erfreut man sich beim Nachbarn wieder an der Schönheit der Regionalsprachen, auch gerne mit einem Augenzwinkern, wie es die wunderbare Komödie »Willkommen bei den Sch'tis« tat, die über 20 Millionen Franzosen in die Kinos zog.

Bei uns ist die Sache noch ein bisschen anders: Bayerisch wird eher akzeptiert, doch Schwäbisch, Sächsisch, Hessisch oder ein anderer der rund 20 Dialekte Deutschlands kämpfen um die Anerkennung. Dabei vermittelt jeder von ihnen Heimatgefühl, Identität und Verwurzelung, die so viele Menschen in unserer globalisierten Welt vermissen. Und, *jetzt hebbet eich feschd*, mittlerweile ist bekannt, wie gut Dialekte die Sprachkompetenz unserer Kinder fördern. Das liegt an ihren bildhaften Ausdrucksformen: Finden wir etwas »gut«, vermitteln wir kaum

Emotion. Drücken wir dasselbe auf Schwäbisch aus, »*des isch mir a' g'mähts' Wiesle*«, schwingen die Gefühle gleich mit.

Unsere Dialekte entstanden, als die germanischen Stämme nach dem Durcheinander der Völkerwanderung nach und nach sesshaft wurden. Da verstärkten natürliche Grenzen die entstehenden Sprachisolationen. Der Donauzufluss Lech gibt ein schönes Beispiel: Am östlichen Ufer sprechen die Menschen bayerisch, auf der anderen Seite schwäbisch. Die Unterschiede in den Dialekten entstanden durch Lautverschiebung. Die Letzte passierte zwischen den Jahren 500 und 800, begann im Süden – *wo sonsch?* – und ebbte im Norden nach und nach ab. Dabei wurde aus dem »p« ein »pf«, und damit aus dem »Perd« ein »Pferd«. Aus »t« wurde ein »s«, aus »etan« also »essen«. Aus »d« wurde ein »t«, aus dem »Dag« ein »Tag«. Irgendwann standen die Dialekträume im deutschsprachigen Raum fest, auch der schwäbisch-alemannische, der vom Donau-Ries bis ins Wallis und von den Vogesen bis an den Lech reicht. Spricht man in der Schweiz, im Südschwarzwald und im Südelsass Hochalemannisch, gibt es im Großen und Kleinen Walsertal und im Wallis das Höchstalemannisch. Niederalemannisch findet man im nördlichen Elsass und im Mittleren Schwarzwald. Das Schwäbische wiederum entstand ab dem 13. Jahrhundert, als das Stauferreich zerfiel und sich durch neue Grenzen der schwäbische Dialekt vom alemannischen zu unterscheiden begann. *Nadierlich net von heit uff morga', sondern ganz hälinga'.*

Und wo sind die Alemannen abgeblieben? Sie gelten als Vorfahren der Menschen im Elsass, im heutigen Baden-Württemberg, im bayerischen Regierungsbezirk Schwaben, in der schwyzerdütschsprachigen Schweiz, im Fürstentum Liechtenstein, im Vorarlberg und in einigen Teilen Norditaliens, wie bei Issime oder Gressoney. Weil *das älles a rächts Kuddelmuddel isch, wo koiner me' durchblickt,* hier meine Zusammenfassung, die vielleicht nicht jeden Sprachwissenschaftler *glicklich* macht, aber *des isch mir wurschd:* Die Alemannen waren ein germanischer Stamm, aus dessen Sprache das Schwäbische entstand. *Ond des schwätzet mo' heit no' ond amisiera ons dabei, mit viel Gaude ond am Heidaschbässle, au' bei* »Die Kirche bleibt im Dorf«.

Gérards Präsenz am Drehort war beeindruckend – es ist kein Zufall, dass er bis heute 16-mal für den César nominiert wurde, das französische Pendant zum Oscar. Ein Rekord, den ihm keiner streitig macht. Ich bewunderte seine Wandlungsfähigkeit, mal vor Kraft strotzend, dann wieder hochsensibel. Heute ist viel von Alkoholismus und Steuerflucht zu lesen und kaum etwas über den harten Arbeiter: Gérard spielte in über 170 Filmen mit, was ohne klaren Kopf nicht zu schaffen ist. »Heimat«, sagte er während den Dreharbeiten, »bedeutet für mich Freiheit. Das kann überall sein, selbst auf dem Set.«

Ich kehrte nachdenklich und zugleich beschwingt von den Dreharbeiten zurück. Noch immer gingen mir die Worte des Produzenten nach, während mich Gérards Arbeitsstil auf wunderbare Weise befeuert hatte. Vielleicht, dachte ich, sollte ich mehr erfahren über das, was unsere Vergangenheit mit der Gegenwart verknüpft und so bis in die Zukunft reicht. Ich beschloss, neben der Schauspielerei ein Studium aufzunehmen, und schrieb mich an der Universität Hamburg in den Fächern Germanistik, Geschichte und Philosophie ein.

UM DIE 30

*Der Ort meiner Sehnsucht sind die alten Eichen,
unter denen Jacob die ersten Schritte wagte. Wenn
ich dort bin, dann habe ich das Gefühl von Heimat.
Dann gibt es die alte Kiefer neben dem Haus in der
Kreuznacherstraße, wo das Leben meiner lieben Töchter
seinen Anfang nahm. Durch das Fenster der Dach-
kammer ist der Baum zum Greifen nah, und wenn
ich ihn sehe, habe ich das Gefühl von Heimat. Auch
wenn ich zu dir oder zu Verena fahre und vor allem,
wenn wir alle zusammen sind, bin ich zu Hause.
Dieses Gefühl nenne ich Heimat.*

Norbert Wörner

Ich war jetzt um die 30, und damit in einem Alter, das nach einem ersten Rückblick verlangte. Nicht umsonst hatte die 68er-Bewegung den Rat ausgesprochen: »Trau keinem über 30.« Und in Goethes »Faust, Teil 2«, darf Baccalaureus den alten Säcken eins überbraten: »Gewiß! das Alter ist ein kaltes Fieber, im Frost von grillenhafter Not. Hat einer dreißig Jahr vorüber, so ist er schon so gut wie tot.«

Ich fühlte mich aber lebendiger denn je, *oifach nur bärig*, und dazu trug Herbert bei, das Studium und mein Beruf, der mir neue Herausforderungen brachte. Wie »Um die 30«, eine Serie, die sich Dominic Raacke und Ralf Huettner ausgedacht hatten. Ralf würde Regie führen, Jürgen Tarrach, Bruno Eyron, Susanne Schäfer, Catherine Flemming und ich sollten mitspielen, um die Geschichte einer Clique zu erzählen, die dabei ist, diese magische Altersgrenze zu durchbrechen. Die einen stehen erst kurz vor der Hochzeit, bei den anderen ist die Ehe schon am Ende. Kinder oder nicht, wie geht's im Job weiter? Fragen, die das Leben ganz schön kompliziert machen, aber auch wunderbar inspirierend sein können. »Um die 30« schaffte es, das Lebensgefühl dieser Generation rüberzubringen, von wegen, *»hat einer dreißig Jahr vorüber, so ist er schon so gut wie tot«*, wir zeigten uns lebendiger denn je. Keiner konnte jedoch ahnen, wie gut die Geschichte beim Publikum ankommen würde. Offenbar trafen wir den Nerv der Zeit. Über Nacht waren unsere Namen einem größeren Publikum bekannt, und es geschah, wovon jeder Geschichtenerzähler träumt: Die Menschen sprachen über die Serie, diskutierten über das, was uns widerfuhr, fieberten mit. So wurde »Um die 30« zu einem kleinen, aber feinen Meilenstein der Fernsehgeschichte, und danach ging es mit Volldampf weiter. Was bedeutete: Ich bekam meine erste Hauptrolle.

»Kinder der Nacht« heißt der Film unter der Regie von Nina Grosse. Erzählt wird eine Geschichte, die unter die Haut geht. Ich spiele Meret, eine junge Frau, die soeben heiratet, auf ein schönes Familienleben setzt und darauf, in ihrem Beruf voranzukommen. Um die dreißig bin ich auch hier: Man ist gerade dabei, so richtig durchzustarten, kein Wölkchen trübt den Horizont, aber dann passiert es. In Merets Fall taucht bei der Hochzeitsfeier ihr Bruder auf, den sie aus gutem Grund über zehn Jahre lang nicht mehr gesehen hat. Denn die beiden verbindet mehr als bloße Geschwisterliebe, eine Leidenschaft, die vor körperlicher Zuneigung nicht haltmacht. Inzest war und ist noch immer ein Tabu, doch Ninas Inszenierung erlaubte es, die Zuschauer behutsam mit dem Thema vertraut zu machen. Allein die Figur der Meret zu spielen war eine großartige Sache, aber es kam noch besser. Als meinen Filmehemann verpflichtete Nina keinen anderen als Herbert. Damit standen wir zum dritten Mal gemeinsam vor der Kamera, was einfach nur genial war. Wir lernten gemeinsam den Text, diskutierten die Bandbreiten der Rollen, ermunterten uns dazu, Risiken einzugehen, und mussten nach Drehschluss nicht alleine auf dem Hotelzimmer hocken. Zum ersten Mal spürte ich, wie es sich anfühlt, eine Hauptrolle zu spielen. Sie trägt den Film, daher gilt es, in jeder Sekunde präsent zu sein. Für mich beginnt das schon, bevor die erste Klappe fällt: Da kann ich das Drehbuch bereits auswendig, habe meine Rolle verinnerlicht und die meiner Spielpartner ebenfalls. Weil wir nicht chronologisch drehen, mache ich mir einen Tagesplan und einen Wochenplan. Wo steht meine Figur, wo kommt sie her, wo will sie hin, wie ist ihre Verfassung, was ist ihre größte Sehnsucht, ihr größter Schmerz, wie fühlt sie sich heute, jetzt, in genau diesem Moment? Drehen wir dann Szene 29 auf Seite 44 des Drehbuchs, weiß ich bestens Bescheid. Kommt als Nächstes Szene 97 an die Reihe, auf Seite 138 im Buch, finde ich mich zurecht. In einer guten Vorbereitung liegt die Verantwortung von uns Schauspielern, da kann ich unerbittlich sein, wenn andere das anders sehen. Mit Herbert hatte ich den idealen Kollegen. Auch wenn sein Schicksal im Film nichts ist, was einem im Leben widerfahren sollte, hatten wir eine Menge Spaß.

In der Vorbereitung wurde mir schnell klar, dass es noch nicht sehr lange her ist, da bedeutete »um die 30« zu sein sehr alt zu sein. In der Region, die ich meine Heimat nenne, lag zwischen 1840 und 1860 die durchschnittliche Lebenserwartung bei gerade mal 37 Jahren. Was heute Baden-Württemberg ist, war damals in weiten Teilen ein bettelarmer Landstrich. In den Bergen der Schwäbischen Alb, des Schwäbischen Waldes und des Schwarzwaldes war Landwirtschaft nur unter harten Bedingungen möglich. Man betrieb die mühsame Kultivierung des Bodens durch Brandrodung, wovon noch einige alte Ortsnamen erzählen wie Engelsbrand oder Langenbrand auf der Nagold-Enz-Platte in der Nähe von Pforzheim. Die Industrialisierung schaffte es nicht aus den Städten raus aufs Land, der Straßenbau stand am Anfang, die Eisenbahn kam viel später als anderswo. Mit staatlich gelenkten Wirtschaftsprogrammen versuchte König Wilhelm I., die Not zu lindern: Es wurden Strohmanufakturen gegründet, um Frauen Arbeit zu geben, es wurden Versuche unternommen, die schlechten Voraussetzungen der landwirtschaftlichen Betriebe auf den kargen württembergischen Böden zu verbessern. Dafür gründete Wilhelm I. kurz nach seinem Amtsantritt die Landwirtschaftliche Unterrichts-, Versuchs- und Musteranstalt Hohenheim. Er könnte stolz darauf sein, wenn er sähe, was daraus geworden ist. Die auf der ganzen Welt renommierte Universität Hohenheim, die sich der Agrarbiologie, den Agrarwissenschaften und den heute drängenden Fragen von nachwachsenden Rohstoffen und Bioenergie widmet. Damals fällte der König noch eine weitere Entscheidung mit großer Tragweite: Es wurde ein »jährlich am 28. September zu Kannstadt abzuhaltendes landwirtschaftliches Fest« ins Leben gerufen, das als Cannstatter Volksfest mittlerweile zu den größten seiner Art gehört. Geht das Münchner Oktoberfest auf die Hochzeit von Kronprinz Ludwig und Prinzessin Therese zurück, entstand unser Schwabenfest also aus pragmatischen Gründen. Vielleicht ist Sparen bei uns deshalb zum Volkssport geworden? Weil wir uns noch gut daran erinnern können, was es bedeutet, arm zu sein? In diesen Zeiten beschrieb ein Chronist die Bevölkerung eines Schwarzwälder Tals als »kränklich, von gelber Hautfarbe und schütterem Haar«. Keine 40 Jahre später standen an derselben Stelle Fabriken, die zu den führenden der Welt gehörten. Deren Nachfolgetechnologien bescheren der Gegend noch heute ihren Wohlstand. Von »kränklichen Menschen« war nicht mehr die Rede, als der Autor Franz Ludwig Neher, 1896 im oberschwäbischen Biberach an der Riss geboren, über die Zeitenwende jubelte: »Es war eine fortschrittsgläubige, von einer dauernden Erregtheit des deutschen Wirtschaftslebens ergriffene Epoche. In den Fabriken konnte man sich der ausgelösten Ideenübervölkerung kaum mehr erwehren.«

Wie konnte das in nur wenigen Jahren passieren? Es waren keine Wunder, und es war auch keine Zauberei im Spiel. Stattdessen zeigten sich die positiven Auswirkungen der Wirtschaftsförderung. Zwei starke Frauen hatten ihren Teil dazu getan: die Ehefrau von Wilhelm I., Katharina Pawlowna Romanowa, Großfürstin von Russland, sowie ihre Mutter, die Zarin Maria Feodorowna. Katharina war nach ihrer Hochzeit in St. Petersburg kaum in Stuttgart angekommen, als sie sich in die Arbeit stürzte. Auf ihre Initiative hin wurden überall im Land Wohltätigkeitsvereine gegründet, die mit Spendengeldern und dem Privatvermögen des Königspaares sowie dem der Zarin finanziert wurden. Katharina war damals ebenfalls um die 30, und wurde leider auch nicht viel älter. Doch bis zu ihrem frühen Tod wirkte sie für die Armen im Land und spendete viel Geld für die Gründung eines Krankenhauses: Das 1828 fertiggestellte Katharinenhospital in Stuttgart zählt heute zu den bedeutendsten Häusern Deutschlands.

Neben den wirtschaftlichen Impulsen spielte die Demokratisierung des Landes eine wichtige Rolle. Die kam aber nur schleppend voran, schließlich hatte man die demokratische Revolution 1849 blutig zusammengeschossen. Hier nahm der König keine rühmliche Rolle ein: Im Frühjahr beteiligte sich die württembergische Armee an der Niederschlagung der Aufstände von Friedrich Hecker und Gustav von Struve im badischen Nachbarland – was bis heute nachhallt, wenn hier und dort Badener den Württembergern mit Misstrauen begegnen. Wenig später war wiederum württembergisches Militär im unrühmlichen Spiel, dieses Mal in der Hauptstadt selbst. Ausgerechnet Stuttgart hatte sich die demokratische Nationalversammlung nach ihrer Vertreibung aus Frankfurt zum Treffpunkt auserkoren. Ab dem 6. Juni 1849 wurde vor den Augen des erregten Königs getagt, mit 154 Abgeordneten unter der Leitung von Parlamentspräsident Wilhelm Loewe. Auf Befehl Wilhelms I. zerschoss württembergisches Gewehrfeuer den Rest dieser ersten deutschen Demokratiebewegung.

Der König blieb innenpolitisch immer engstirnig, er wollte sein Volk »vom periodischen Fieber der Wahlen befreien«. Nach seinem Tod vollzog sein Sohn Karl den notwendigen Wandel. Kaum im Amt stellte er die Presse- und Vereinsfreiheit her und führte zwei Jahre später, 1868, das allgemeine, gleiche, unmittelbare und geheime Wahlrecht für die Volksabgeordneten der Zweiten Kammer ein. Da war er selbst zwar nicht mehr um die 30, sondern bereits um die 40, doch im Herzen jung genug, um dem Land eine liberalere Richtung zu geben. Erstaunlicherweise führte seine offen zur Schau getragene Homosexualität nicht zum Skandal. Erst seine Verbindung mit Charles Woodcock, mit dem er sich gerne in der Öffentlichkeit zeigte, erregte die Gemüter – doch nur, weil der Amerikaner seinen Einfluss auf personelle Entscheidungen des Königs ausnutzte. Von der neuen Liberalität im Land profitierten die Menschen: Frische Luft für frische Ideen machte am Ende aus einem Armenhaus Europas das reiche Baden-Württemberg von heute. Daran denke ich oft, wenn ich kreuz und quer durchs Ländle reise: Wir profitieren von der Lebensleistung unserer Vorfahren. Was mich anspornt, den Generationen nach mir Gutes hinterlassen zu wollen.

Weihnachten 1971 im Vier-Generationen-Haus mit Uroma Moni

UND ... ACTION!

Für mich ist Heimat kein einzelner Ort, sondern die Verbundenheit mit vielen Orten und Menschen, die ich schätzen und lieben gelernt habe. Es ist ein Gefühl von tiefer Verbundenheit mit der Welt.

Boris Penth

Mit der Unerfahrenheit einer Novizin tat ich anfänglich während eines Drehs, was fast alle Anfänger tun: Ich diskutierte um die Einzelheiten jeder wichtigen Szene. Heute hake ich immer noch nach, allerdings bevor gedreht wird, weil sonst die komplizierte Maschine des Filmemachens stillsteht. Gelegenheiten, weitere Erfahrungen zu sammeln, bekam ich jetzt immer häufiger. Bald schon spielte ich in Deutschlands berühmtester Reihe, dem »Tatort«. »Perfect Mind« hieß die Geschichte aus dem Münchner Sektenmilieu. Dort bin ich als Schwester des Mordopfers aktiv. Die beiden Kommissare Franz Leitmayr, gespielt von Udo Wachtveitl, und Ivo Batic, gespielt von Miroslav Nemec, wollen meine Kooperation, und dabei gerate ich in große Gefahr. Regie führte Friedemann Fromm, sein Bruder Christoph hatte das Drehbuch geschrieben. »Perfect Mind« war der Beginn einer engen Zusammenarbeit mit Friedemann, der zu den am häufigsten ausgezeichneten Filmemachern Deutschlands zählt: Mehrfach wurde ihm der Adolf-Grimme-Preis verliehen, auch der Deutsche Fernsehpreis, der Bayerische Fernsehpreis und ein International Emmy Award, der Oscar des Fernsehens, waren darunter. Wir Filmleute werden immer wieder gefragt, was so ein Preis bedeutet. Zum einen natürlich, dass man seine Arbeit gut gemacht hat, zum anderen, dass sich ein paar neue Türen öffnen.

Das Geschäft des Filmemachens ist nicht einfach zu erklären, doch gilt auch bei uns der eiserne Grundsatz von Hollywood: »Du bist so gut, wie dein letzter Film gelaufen ist.« Das ist das Gesetz der Prärie: Ist ein Regisseur oder ein Schauspieler erfolgreich, wollen alle mit ihm arbeiten. Wenn nicht, dann nicht. Daher kann ein Preis sehr hilfreich sein. Das erlebte ich selbst, als ich für meine Rolle in »Perfect Mind« den Goldenen Gong erhielt. Bis dahin hatte ich außer Ehrenurkunden für meine sportlichen Leistungen bei den Bundesjugendspielen noch nie etwas gewonnen. Ich nahm den Preis mit Freuden entgegen und stellte ihn zu Hause an einen prominenten Platz ins Regal. Zunächst sah ich darin eine bloße Anerkennung meiner Leistung, weil ich mich in die Aufgabe so richtig reingekniet hatte. Doch dann geschah das, was die Magnetwirkung einer solchen Auszeichnung vermag: Das Telefon begann zu klingeln. Ich bekam viele Angebote, las jede Menge Drehbücher, die oft im dramatischen Umfeld angesiedelt waren. Ich hielt es aber für wichtig, mich nicht in eine Schublade stecken zu lassen. Schauspielern kann das schnell passieren – einmal Actionheld, immer Actionheld, einmal Spaßmacher, immer Spaßmacher –, und dagegen setze ich meine eigene Strategie: mein Bauchgefühl. Fühlt sich für mich etwas gut an – und das kann durchaus widersprüchlich zu allen Regeln der Logik sein –, lasse ich mich gerne darauf ein. Fühlt es sich dagegen künstlich, unbelebt oder nach Wiederholung an, dann passe ich. Es macht einfach auch mehr Spaß, die ganze Bandbreite dieses Berufs auszufüllen.

Nach der Zusammenarbeit mit Friedemann war ich neugierig darauf, die Arbeitsweise anderer Regisseure kennenzulernen. Regie und Schauspiel stehen immer in einem spannenden Wechselspiel, es ist ein ständiges Geben und Nehmen. Dabei haben alle Regisseurinnen und Regisseure ihre eigene Art. In »Der Rosenmörder« stand ich zum ersten Mal unter der Regie von Matti Geschonneck vor der Kamera. Matti hat als Sohn des Schauspielers Erwin Geschonneck und der Schauspielerin Hannelore Wüst die Welt des Theaters und des Films in die Kinderwiege gelegt bekommen. Ich habe selten jemanden getroffen, der so viel von Schauspielerführung versteht wie er.

Seine Art der Regie hat in meinen Augen viel Ähnlichkeit mit der Kunst eines Spitzenkochs, der es vermag, aus allen Zutaten die Essenz eines Geschmacks herzustellen. Das war auch bei »Der Rosenmörder« der Fall, wo ich als ehrgeizige Anwältin einem doppelten Justizirrtum auf der Spur bin.

Im Laufe der Jahre wurde mir klar, wie viel Kraft ich aus der Arbeit mit einem guten Regisseur ziehe. Mit der Schweizerin Judith Kennel verbindet mich beispielsweise eine Symbiose, die uns bis heute 13 gemeinsame Filme beschert hat. Manchmal machen wir darüber unsere Späße und sagen, das ist ja schon wie bei Martin Scorsese und Robert De Niro. Scorsese spricht ja gerne über die Katharsis, die ihn mit Robert verbindet; das könnte ich ebenfalls anführen: Judith bringt eine reinigende Energie mit ans Set, die mich von allem befreit, was der schauspielerischen Leistung im Wege steht. Dadurch haben wir es geschafft, bis heute elf Folgen der Reihe »Unter anderen Umständen« zu drehen, häufig mit Geschichten, die unter die Haut gehen und die uns beiden eine Menge abverlangen. Während Judith eine urweibliche Stärke verkörpert, die eher ruhig daherkommt, in der Sache aber unerbittlich ist. Den entgegengesetzten Teil dieser Polarität verkörpert ein Regisseur wie Carlo Rola. Mit ihm drehte ich den »Götz von Berlichingen«, ein Film, für den Carlo einfach ideal war. Er strotzt vor Energie und Männlichkeit, an seinen Sets kann es auch mal etwas lauter werden. Carlo steht für die anarchische Kraft, was ich sehr zu schätzen weiß, weil sie einen männlichen Anteil in mir zum Schwingen bringt. Das war genau richtig für meine Rolle der skrupellosen und intriganten Fürstin Adelheid von Walldorf, die selbst einem Götz von Berlichingen eine Menge abverlangt.

»Götz von Berlichingen«: Natürlich fiel auch der Schwäbische Gruß, das Götz-Zitat.

Ich war neugierig auf den Stoff gewesen, schließlich gehört der »Ritter mit der eisernen Hand« zum reichen deutschen Mythenschatz. Natürlich durch das Schauspiel von Johann Wolfgang von Goethe, vor allem aber durch Berlichingens Wirken. In der Lebensspanne von Götz von Berlichingen zwischen 1480 und 1562 fand der Schwäbische Bauernkrieg statt. Im gesamten süddeutschen Sprachraum kämpften Bauern für ihre Menschenrechte, die sie 1525 in insgesamt zwölf Artikeln formulierten. Götz brachte den sogenannten Schwarzen Haufen der Taubertaler Bauern mit dem starken Heller Lichter Haufen zusammen, und hatte somit fast 12.000 Männer unter sich, als er gegen die Bischöfe von Mainz und Würzburg sowie den Kurfürsten der Pfalz zu Felde zog. Die Sache ging nicht gut aus, weder für Götz noch für die Bauern, und erst in der Märzrevolution von 1848/49, also gute 300 Jahre später, konnten wenigstens für ein paar Monate lang die Ziele durchgesetzt werden, welche die Bauern in ihren zwölf Artikeln formuliert hatten. Hier spürte ich mein Heimatblut brodeln, denn die schwäbischen Bauern und badischen Revolutionäre traten für eine Sache ein, von der wir heute profitieren: für Freiheit und Demokratie. Die Rolle des Götz von Berlichingen ist allerdings nach wie vor historisch umstritten. In der Vorbereitung las ich viel darüber, denn die Experten sind sich nicht einig, ober tatsächlich zu den Bauern hielt oder doch zu den Fürsten.

Dabei stieß ich auf eine wahre Fundgrube erlebter Heimatgeschichte, die Chronik der Grafen von Zimmern, ein Geschichtswerk aus dem 16. Jahrhundert der Freiherren und späteren Grafen von Zimmern, die in ihrem Schloss Meßkirch und auf ihrer nicht weit entfernten Burg Wildenstein eines der wertvollsten Zeugnisse der Epoche zwischen Mittelalter und Neuzeit festhielten. Der fürstenbergische Hofbibliothekar Karl August Barack sprach vom »gewaltigsten Werke deutscher Sprache«, und das will etwas heißen, schließlich ist die Konkurrenz groß. Dass wir die Chronik heute lesen können, ist dem in Bad Cannstatt geborenen Schriftsteller Gunter Haug zu verdanken. Er wandelte die Sprachgewalt in lesbare Sätze um, denn was der lebensfrohe Graf Froben Christoph von Zimmern seinem Sekretär Johannes Müller diktierte, ist mitunter harter Tobak. Da ist an einer Stelle von der armen Greta die Rede, einer Dienstmagd aus Meßkirch, die im Jahr 1514 lokale Berühmtheit erlangte, weil sie sich für keinen jungen Gesellen interessierte, aber den jungen Töchtern nachstieg. In Gebärden und Manieren, erzählt Graf Froben, legte sie einen solchen männlichen Affekt an den Tag, dass die vorwitzigen Leute der Umgebung sie aufsuchten, um herauszufinden, ob sie ein Hermaphrodit sei. Froben erinnert sich auch, wie sein Onkel, der Richter Graf Wilhelm Werner von Zimmern, in seinen Jahren am Kaiserlichen Kammergericht einen Koch einstellte, der in Gang und Gebärden wie eine Frau wirkte. Bei der Bestallung habe er sich ausbedungen, dass er nachts »unter allen Umständen in einem Bette alleine liegen und niemand bei sich dulden wolle«, und das wurde ihm auch mit Brief und Siegel zugesprochen. Auf diese Art und Weise erfahren wir auf weit 1500 Seiten über das Leben von Schneidern, Küfern, Pfaffen, Narren, furzenden Bürgermeistern und saufenden Köchinnen, falschen Moralaposteln und über das Dasein des Froben Christoph von Zimmern. Damals erhob sich unweit von Rottweil hoch über dem Marktflecken Schramberg eine der größten Festungsanlagen Süddeutschlands, Burg Hohenschramberg, die selbst als Ruine heute noch sehr beeindruckend ist. Dort lebte der Ritter Hans von Rechberg, ein wahrer Haudegen, der auch schon mal als Pilger verkleidet mit einigen Mitstreitern eine ganze Stadt überfiel, wie 1448 in Rheinfelden geschehen. Mal diente er den Österreichern, mal Kaiser Friedrich III., aber nie den Eidgenossen, weil er, wie große Teile des schwäbischen Adels, die schmachvolle Niederlage bei der Schlacht um Sempach nicht vergessen konnte, die rund 100 Jahre nach dem legendären Rütlischwur die Unabhängigkeit der Eidgenossen von den Habsburgern besiegelte. Hans von Rechberg war ein typischer Vertreter dieser unsteten Zeiten, als die Grenzen zwischen Österreich, der Schweiz und dem heutigen Baden-Württemberg mehr als fließend waren, ein Fehdeunternehmer, Raubritter und Söldner und manchmal auch ein Zauberkünstler. So berichtet Christoph von Zimmern von einer »schimpflichen Historia«, als sich eines Tages die Mehrzahl der schwäbischen Ritterschaft zum Markttag in

Ebingen einfand. Hans von Rechberg bestach zwei Frauen, die Krüge und Häfen feilboten: Gegen Bezahlung von ein paar Gulden sollten sie auf sein Zeichen hin alle Krüge und Häfen mit Prügeln zerschlagen. Im Rathaus der Stadt wandte er sich sogleich an den Grafen von Württemberg und wettete vor der ganzen Versammlung um dessen schönsten Hengst. Er verstehe sich auf die Kunst, Frauen so zu bezirzen, dass sie ihre Ware kurz und klein schlagen würden. Der Graf hielt dagegen, setzte sogar noch einen zweiten Hengst. Da gab von Rechberg sein Zeichen, auf dem Marktplatz flogen die Scherben, und viele, so weiß es der Chronist, »wollten über diese Sache und den Grafen wohl recht lachen«. Das Lachen verging dem Hans von Rechberg erst, als er auf einem seiner Raubzüge so schwer verwundet wurde, dass er kurze Zeit später starb. Damit ging die Hohenschramberg an die Herren von Landenberg über, die zwar einem alten schweizerischen Geschlecht entstammten, in Schwaben aber trotzdem einen guten Namen hatte. So kam bald auf der Festung eine »seltsame Compania« zusammen, wie Christoph von Zimmern zu berichten weiß. Auch der alte Götz von Berlichingen, »der mit der eisernen Hand«, war mit von der Partie. Es muss heiß hergegangen sein, weil einige der Gäste untereinander ein *Hässle* pflegten, wie man in damaliger Zeit den »Hass wegen einer Fehde« nannte. Um weiteren Streit zu vermeiden, einigte man sich darauf, von nun an nur noch über einen Mann zu reden, nämlich den Götz von Berlichingen. So kam es, dass der alte Streithansel auf einmal zum heimlichen Friedensstifter wurde, eine Rolle, die ihm ansonsten in seinem abenteuerlichen Leben nur selten widerfuhr.

Wer weiß, was er dazu gesagt hätte, dass eines Tages die Cannstatterin Natalia Wörner als Adelheid von Walldorf ihm ganz

Ein Zeichen der Wertschätzung: Außenministerium auf thailändisch

schön zu Leibe rücken würde? Ich habe selten so viele Intrigen gesponnen wie in diesem Film. Carlo, der selbst einen unverkrampften Zugang zu seinen Emotionen pflegt, forderte mich dazu auf, die Wut zu spielen, die ich empfinde, wenn uns Frauen wieder einmal ein typischer Frauenstempel aufgedrückt wird: Allein die Tatsache, dass wir erfolgreiche Frauen noch immer als »starke Frauen« bezeichnen, was zwangsläufig mit sich bringt, dass alle anderen »schwach« sein müssen, kann mich auf die Palme bringen.

Die Arbeit mit Carlo ist immer ein besonderer Ansporn, und so kam es, dass auch wir schon mehrere Filme miteinander gedreht haben: neben dem »Götz« die »Mutter des Mörders« und »Das »Kindermädchen«. Beides schwierige Stoffe, die mich mit der wichtigsten Frage der Schauspielerei und damit auch des Lebens konfrontierten: Was ist unsere größte Angst, und wie gehen wir mit ihr um? Und was kann uns gelingen, wenn wir die Kraft, die in ihr steckt, kreativ nutzen?

IN ALLER FREUNDSCHAFT

»Heimat« als Begriff ist mir fremd. Ähnlich geht es mir mit »Heimatverbundenheit«, der Nähe zu einer Gegend, einem Landstrich, geistiger oder seelischer Nähe zu den dort lebenden Menschen, ihrer Kultur, ihren Bräuchen. Näher rückt Heimat, sobald man sie verlässt. In der Ferne wird einem bewusst, was man vermisst: die Sprache, den Blick auf den Hafen, den Wochenmarkt vor der Tür. Ich erinnere mich, dass ich als Kind Heimweh hatte. Sehnsucht nach mir vertrauten Orten und Menschen, nach Sicherheit und Geborgenheit. Heimat als Ort der Vertrautheit – so gewinnt der Begriff für mich an Wert und Bedeutung. Am stärksten wird Heimat für mich durch die Menschen verkörpert, mit denen ich mich verbunden fühle.

Jutta Lieck-Klenke

Als sich meine Eltern trennten, wurde ich nicht von Angst überwältigt, und als ich allein auf mich gestellt in die weite Welt zog, ebenfalls nicht. Angst konnte mich nicht davon abhalten, eine Karriere als Model aufzugeben, um von vorne anzufangen, ins gefährliche New York der 1980er-Jahre zu ziehen oder dort eine Fahrradfahrt auf der Stadtautobahn zu wagen. Gewiss nicht, weil ich eine angstlose Frau bin, sondern weil ich die Sache mit der Angst so empfinde, wie es Nelson Mandela einmal ausgedrückt hat: »*I learned that courage was not the absence of fear, but the triumph over it* – ich erfuhr, dass Mut nicht die Abwesenheit von Angst ist, aber der Triumph darüber.« Das muss ich schon als Kind gespürt haben, als Jugendliche auch und als Erwachsene sowieso. Als alleinerziehende Mutter gibt es genug Gründe für jede Menge Ängste. Außerdem lebe ich von selbstständiger Arbeit, damit zähle ich zwar zu den »Heimlichen Helden«, wie das Wirtschaftsmagazin *brand eins* die Selbstständigen einst adelte, doch bedeutet es vor allem, heute nicht zu wissen, was ich morgen arbeiten kann. Doch ich glaube fest an den Triumph über die Angst, an eine Chance, die den Blick aufs Wesentliche schärft. Daher ist es wichtig für mich, über sie Bescheid zu wissen, denn oft spiele ich Charaktere, denen die Angst buchstäblich im Nacken sitzt. Als Schauspielerin muss ich diese Figuren so gut kennen, dass ich weiß, wo ihre Angst herkommt und wohin sie diese führt. Daraus, da bin ich mir ganz sicher, habe ich schon einiges fürs Leben gelernt, gerade dann, wenn Dinge passieren, auf die wir nicht vorbereitet sind, die uns schockieren, die man erst später zu begreifen beginnt.

In »Tannbach« wird die Frau, die ich darstelle, ermordet, einfach so. Ich kann das nicht glaubhaft spielen, wenn ich mich nicht mit dieser fiesen Art zu sterben auseinandersetze. Der Tod *en passant*, aus purer Willkür wegen des verletzten Stolzes meines Gegenübers. Gerade hat Gräfin Caroline von Striesow noch mit ihrer Tochter geredet, für einen Moment ihren desertierten Ehemann wiedergesehen, da steht sie schon vor dem Exekutionskommando. Natürlich hat sie Angst, spürt sie die kalte Hand des Todes. Die von den Stuntleuten an meiner Brust präparierten Farbbeutel explodieren wie gewünscht, der äußere Tod ist beeindruckend, der innere gehört mir ganz alleine. Den trage ich den Tag über mit mir herum. Abends, im Hotelzimmer, werde ich ein stilles Gebet der Dankbarkeit sprechen.

Um Angst ging es auch in einem Film, in dem ich zum ersten Mal eine Doppelrolle spielen sollte. »Die Lüge« heißt er, und schon im Titel schwingt die Angst mit, denn ohne sie brauchten wir nicht zu lügen. Die Verfilmung des Romans von Petra Hammesfahr spielt mit einer der stärksten Waffen des Geschichtenerzählens, dem kleinen Sätzchen »Was wäre, wenn?« Wie oft lassen wir diese drei Worte in unsere Träume sickern? Was wäre, wenn ich endlich im Lotto gewänne? Was wäre, wenn ich durch die Zeit reisen könnte? Was wäre, wenn ich eine Doppelgängerin hätte, die ich für meine Zwecke einspannen könnte? Genau das passiert in »Die Lüge«. Zwei Frauen, die sich zum Verwechseln ähnlich sehen, begegnen einander im Fahrstuhl. Damit sind die Gemeinsamkeiten auch schon beschrieben, denn im Charakter sind sie verschieden: Nadja ist reich und skrupellos, Susanne ohne Arbeit und von ihrem Mann verlassen. Sie willigt auf Nadjas Vorschlag ein, hin und wieder die Rollen zu tauschen. Kann das gut gehen? Träumen wir »was wäre, wenn«, gestatten wir uns meist ein Happy End. Das Leben selbst kennt andere Gesetze, weil niemand die Folgen seines Tuns überblicken kann, sich unsere schönen Pläne oft in Schall und Rauch auflösen. Ich mag das Sprichwort der Iren: »Der Mensch plant, Gott lacht«, weil ich als passionierte Geschichtenerzählerin von solchen gescheiterten Plänen erzähle. In »Die Lüge« verliert Nadja die Kontrolle über ihr ausgeklügeltes Projekt, als sie sich immer tiefer in dubiose Geschäfte verstrickt. Auf Betrug folgt erneuter Betrug, sagt die Geschichte, und auch Susanne überschreitet eine moralische Schwelle, als sie mit Nadjas Mann ins Bett steigt.

Mir machte der Film unheimlich viel Spaß, weil er mich auf kreative Art und Weise herausforderte. Allein die Frage, wie kriegen wir das hin, damit eine Natalia Wörner gleich zweimal zu sehen ist und sich in ihren Rollen als Nadja und Susanne mit sich selbst unterhalten kann, und zwar so, dass es nicht »künstlich« aussieht. Das ist der Knackpunkt jedes Films: Wir laden die Zuschauer in eine andere Wirklichkeit ein, was nur gelingt, wenn jedes Detail stimmt. Schon der falsche Knopf an einer historischen Uniform in Nahaufnahme in Szene gesetzt, kann uns aus den Träumen reißen. Verliert der Zuschauer den Faden, verliert er oft das Interesse. Deshalb sind Filmemacher so besessen und detailverliebt, deshalb sind Filme ein so teures Medium. In diesem Fall setzten wir eine Technik ein, die Kameraleute »Motion Control« nennen, die computergesteuerte Kontrolle jeder Kamerabewegung. Damit kann man auf den Millimeter genau eine Kamerafahrt gleich mehrmals hintereinander durchführen. Ein weiterer Trick ist das Green-Screen-Verfahren, eine Sache, die es schon vor dem Computerzeitalter gab: Dabei wird im Studio oder draußen am Originalschauplatz eine grüne oder blaue Leinwand aufgebaut. Sie ermöglicht, nachträglich alle Arten von Hintergründen einzusetzen, sei es eine Filmaufnahme, ein Bild, ein Foto, eine Grafik. Beide Techniken wurden bei »Die Lüge« mehrfach verwendet, damit ich dank ihrer Kombination als Nadja meine Doppelgängerin Susanne sogar berühren kann.

»Es ist jedes Mal ein verdammtes Wunder, wenn am Ende ein Film zustande kommt«, sagte Jack Lemmon – und jedes Mal, wenn ich ein Set betrete, muss ich an seine Worte denken. Der Film ist tatsächlich ein Wunder und wusste das auch gleich unter Beweis zu stellen. Einer der ersten Filme heißt »L'Arrivée d'un train en gare de La Ciotat«. Er stammt aus dem Jahr 1896, ist eine Minute lang und zeigt genau das, was er verspricht, nämlich die Ankunft eines Zuges im Bahnhof von La Ciotat. Was wäre, wenn wir noch niemals so etwas gesehen hätten? Wir befinden uns in einem dunklen Raum, und auf einmal nähert sich ein qualmender Dampfzug, kommt auf uns zu, immer näher, immer schneller ... glaubt man der Legende, flüchteten die Zuschauer in Panik auf die Straße. Ein durchschlagender Erfolg für die Brüder Auguste und Louis Lumière, zwei Fotoindustrielle aus Besançon, die als Pioniere des Films gelten. Lumière, also Licht, die beiden hatten sich den richtigen Namen für ihr Metier ausgesucht!

Das Ereignis sprach sich herum, alle wollten den Film sehen, immer weitere Streifen entstanden, die immer komplexere Geschichten erzählten. Unter den Ersten, die darin das große Geschäft witterten, war ein Schwabe: Carl Laemmle wanderte aus Laupheim nach New York aus und kam über Chicago nach Los Angeles. Damals war die Millionenstadt ein kleines Nest am großen Pazifik, aber mit einer Sache gesegnet, die zum Film gehört wie die Milch zum Kaffee: Licht! In der Stadt der

Engel, die zugleich eine Stadt des Lichts ist, gründete Laemmle
die Universal Studios und schuf ein Filmimperium, wie es später keines mehr geben sollte. Die Filmhistorikerin Cristina
Stanca-Mustea bezeichnete ihn als den »Erfinder Hollywoods«,
und noch heute staunen wir über seine Stummfilmklassiker
wie »Der Glöckner von Notre Dame« und »Das Phantom der
Oper«. Als Lämmle starb, hinterließ er ein Vermögen, das heute einem Wert von 785 Millionen Dollar entsprechen würde
und mit dem er seine Heimatstadt reich beschenkte. Für die
Nationalsozialisten war er natürlich ein Verräter und Volks-
verhetzer, vor allem, als der großartige Antikriegsfilm »Im
Westen nichts Neues« nach dem Roman von Erich Maria Re-
marque in die Kinos kam, der von Laemmles Sohn Julius produziert worden war. Der Film gewann zwei Oscars und wird
heute vom American Film Institute zu den besten aller Zeiten
gezählt, doch hierzulande stürmten die Braunen die Kinos und
fluchte Goebbels über die »Judenlüge« im Film. Damals bestrafte man Carl Laemmle mit dem Einreiseverbot, heute erinnern in Laupheim eine Schule an den Ehrenbürger, ein nach
ihm benannter Platz sowie ein sehenswertes Museum zur Geschichte von Christen und Juden. War Laemmle einer, der die
Angst kannte? Im Sinne von Nelson Mandela sicherlich: dass
wir mit Mut über sie triumphieren können. Genau das tat er
immer wieder – ein gewitzter Kerl, ein echter *Chaib*, wie man
solche Leute im alemannisch-schwäbischen Sprachraum
nennt; einer, der mit den Herausforderungen des Lebens klar-
kommt: in der Steigerungsform *»duad er sei' Sach' chai-
benglatt«*, und damit sehr gelungen.

Es mag an meiner Familiengeschichte liegen, es mag auch eine
Urwahrheit dahinterstecken: Wann immer ich an Heimat den-

ke, ist der Satz »die Heimat verlassen müssen, um irgendwo eine neue zu finden« nicht weit. Dabei denke ich an die 52 Millionen Flüchtlinge auf unserer Welt, darunter die beschämend hohe Anzahl von über 20 Millionen Kindern. Und ich denke an die unter keine Statistik fallenden Menschen, die aus persönlichen Gründen ihre Heimat aufgeben, manchmal, weil sich politisch oder gesellschaftlich alles auf den Kopf stellt. Damit begann ich mich zu beschäftigen, als ich das Angebot erhielt, in einem Dokudrama Henny Porten zu spielen.

Henny Porten ist eine dieser starken Frauen aus Deutschlands jüngerer Geschichte, die fast völlig vergessen wurde, deren Leben aber zum Vorbild vieler werden kann: 1890 in Magdeburg geboren, avancierte sie zum ersten deutschen Filmstar und wurde frenetisch als »weiße Göttin der Massen« gefeiert. Filmstar sein bedeutete damals Stummfilmstar sein, denn der Tonfilm, die synchrone Verbindung des Bildes mit dem dazugehörigen Ton, gelang erst 30 Jahre nach Erfindung des Mediums. In ihrer Epoche musste sich Henny Porten einer neuen Schauspielkunst zuwenden: Die Handlung wurde im Stummfilm und anders als im Theater durch deutliche Mimik und Gestik ausgedrückt. Das war neu, und was neu ist, kommt nicht immer gut an, zumindest nicht bei Kritikern. Vom »Verbrechen an der Dichtung« war die Rede, wenn wieder ein Bühnenstück für den Film adaptiert wurde. Als Henny Porten den Dichter Gerhart Hauptmann davon überzeugte, sein Schauspiel »Rose Bernd« verfilmen zu lassen, fegte ein Sturm der Entrüstung durch die Presse. Doch den Kinozuschauern gefiel das Ergebnis, nach der Premiere bejubelten Abertausende Menschen in Dresden den Filmstar auf seiner Fahrt in der offenen Kutsche durch die Stadt. 1930 drehte Porten ihren ersten Tonfilm, ein Jahr später stand sie zusammen mit Gustaf Gründgens in »Luise, Königin von Preußen« vor der Kamera. Dieser Film schließt mit den Worten: »Nie wieder Krieg!« Eine Aussage, die ihr in der damals schon aufgeheizten Stimmung jener Zeit eine Menge Feindseligkeiten eintrug. Bereits da zeigte sie Standfestigkeit. Die brauchte sie in den kommenden Jahren. 1921 hatte sie den jüdischen Arzt Wilhelm von Kaufmann-Asser geheiratet, damals Leiter des Sanatoriums »Wiggers Kurheim« in Garmisch-Partenkirchen. Als die Nazis dann an die Macht kamen, legte der Reichsminister für Volksaufklärung und Propaganda, Joseph Goebbels, ihr nahe, sich von diesem Ehemann scheiden zu lassen. Sie verkörpere schließlich das Bild »der idealen deutschen Frau«, da passe ein jüdischer Mann nicht rein. Was dann kam, zeugt von wahrer Liebe. Henny Porten weigerte sich schlichtweg, dem Befehl nachzukommen. Auch dann, als ihr Adolf Hitler schöne Augen machte und sich Hermann Göring als glühender Verehrer outete, der sie mit Heiratsanträgen überschüttete und den rücksichtslosen Rat aussprach, ihr Mann solle sich doch eine Kugel in den Kopf schießen. »Warum treten Sie Ihr Glück mit Füßen?«, wollte der Gründer der Gestapo wissen, und ließ nicht locker: »Es ist Ihnen doch klar, daß Sie heute an der Spitze des Kulturlebens stehen würden, wenn Sie sich entschließen könnten, sich von Ihrem Mann zu trennen?« Als die Gestapo ihren Ehemann schließlich verhaftete, drang Porten ins Büro des Reichsführers der SS, Heinrich Himmler, vor, und erreichte, dass man ihn wieder auf freien Fuß setzte. Der Ausreise in die USA verweigerte sie sich, weil ihr die Heimat zu sehr am Herzen lag. Flucht und Armut waren die Folgen, auch nach dem Krieg ging es ihr schlecht. In den 1950er-Jahren wagte Henny Porten einen Abstecher in die DDR, um dort vor der

Kamera zu stehen, weil sie in der Bundesrepublik kaum mehr Angebote erhielt. Am Ende starb sie einsam und verarmt in einem Haus in West-Berlin, das heute eines meiner Lieblingscafés beherbergt: das Café Einstein in der Kurfürstenstraße.

Diese mutige Frau zu spielen, deren Liebe zu ihrem Mann und ihrer Heimat so stark herausgefordert wurde, empfand ich als eine Verpflichtung und als eines der vielen Geschenke, die mein Beruf mit sich bringt und mich mit Dankbarkeit erfüllt. Den Film produzierte Sandra Maischberger, mit der mich seit vielen Jahren eine tiefe Freundschaft verbindet. Noch während ich diese Zeilen zu Papier bringe, werde ich mir meiner wunderbaren Frauennetzwerke bewusst oder *modern tribes*, wie ich sie nenne. Es mag daran liegen, dass ich zu Hause in Cannstatt in einem Haus voller Frauen aufgewachsen bin, oder an der Notwendigkeit, dass auch wir uns vernetzen müssen, doch eines ist klar: Ohne diese Mischung aus Können und Spaß am eigenen Handeln und ohne das große Verständnis füreinander und den Wunsch, *gemeinsam* erfolgreich zu sein, wird diese Sache nicht gelingen.

Als ich aus New York nach Hamburg zog, das Herz voller Abschiedsschmerz und voller Ideen für die Zukunft, lernte ich Jutta Lieck-Klenke kennen. Heute ist sie die Geschäftsführerin der Network Movie Film- und Fernsehproduktion, damals war sie beim Rowohlt-Verlag. Zunächst verband uns die Liebe zur Literatur, zum Film und zum Theater. Daraus wuchs eine Zuneigung, die über alle Themen der Kunst hinausging. Am Ende wurde eine ganz besondere Freundschaft daraus, eine Lebensliebe, die mir stets ein warmes Heimatgefühl fern von zu Hause vermittelt. Oft heißt es ja, Beruf und Freundschaft lassen sich nicht miteinander vereinbaren, doch in meinem Fall liegen die Dinge anders. Jutta steckte auch dann den Kopf nicht in den Sand, als ich Jahre später für eine neue Reihe eine verdeckte Ermittlerin spielen sollte. Judith Kennel sollte Regie führen, Jutta wollte die Filme produzieren, da kam ich daher und gab bekannt: »Ich bin schwanger.«

Für eine befreundete Produzentin ist das eine zwiespältige Nachricht. Auf der einen Seite freut sie sich mit, und zwar in Juttas Fall *wie Bolle*, auf der anderen stellt sie sich die Frage, was nun aus der neuen Filmreihe werden soll. Hier zeigte sich wahre Freundschaft, denn wir setzten uns zusammen und gebaren aus dem Augenblick heraus eine ungewöhnliche Idee: Ich könnte meine »anderen Umstände« doch in die Rolle übernehmen, das wäre nun wirklich mal was Neues im Deutschen Fernsehen. Unsere Anregung der schwangeren Kommissarin begeisterte alle, und so kam es, dass ich im sechsten und siebten Monat den ersten Fall der Jana Winter in »Unter anderen Umständen« löste. Dabei erzählten wir ausgerechnet von einem drei Monate alten Baby, das am helllichten Tag spurlos aus seinem Kinderwagen verschwindet. Ein Albtraum für jede Mutter, ein Albtraum für die schwangere Kommissarin – und trotzdem war es für mich eine Freude, sie spielen zu dürfen. Ich fühlte mich wohl in der Rolle, zuletzt 27 Kilogramm schwerer als zuvor und rundum glücklich. Am Set wurde ich gehätschelt und verwöhnt, dass ich mir bereits dachte, vielleicht sollte ich immer schwanger sein, so schön wird's nie wieder. Als ich in den kommenden Jahren gemeinsam mit meinem Sohn Jacob für die Fortsetzung der Reihe vor der Kamera stand, mussten wir darüber lachen.

»Das ist auch kein Wunder«, sagte ich dann. »Jetzt bist du schon das fünfte Mal mit von der Partie.«

Mutter und Sohn, ein eingespieltes Team

Das war unser *running gag*. Jacob korrigierte mich mit erhobenem Zeigefinger. »Falsch Mama. Ich bin schon das sechste Mal mit dabei.«

Für Jutta und mich war dieser Sprung ins kalte Wasser das *i-Dipfele* aufs Fundament unserer Freundschaft, wie zum Beweis, dass sich Beruf und Privates doch verknüpfen lassen, wenn man nur will. Und ich will, das steht außer Frage. Es macht mich *gligglich*, wenn wir uns zur Kreativität anspornen und uns immer wieder aufs Neue herausfordern.

Auch in der Reihe »Die Diplomatin« kann ich *gligglich sei'*, weil ich mich mit der Redakteurin Claudia Luzius, der Produzentin Michaela Nix, der Regisseurin Franziska Meletzky und der Kamerafrau Bella Halben in einem Kreis wunderbarer Frauen wiederfinde. Uns alle verbindet, dass wir nicht auf Quoten warten, sondern Fakten schaffen. Und das mit voller Leidenschaft.

HAIE UND WÖLFE

Fremd sein in der Heimat ist ein Zeichen dafür, dass man sich schon vor der Ankunft verirrt hat.

Nane Weidemann

»Vickys Alptraum« heißt der Film des Regisseurs Peter Keglevic, der die spannende Geschichte einer Erpressung erzählt. Bankräuberin Vicky soll dazu gezwungen werden, ein Kind zu entführen. Das Ganze ist eine groß angelegte Finte des Verbrechers Johnny, der den Bankdirektor um eine hohe Summe Geldes erleichtern will. Christoph Waltz spielte den Johnny, Katja Flint die Vicky, und es war ein Fest, mit diesen beiden Top-Schauspielern arbeiten zu dürfen. Christoph ist einer, der ein »intelligentes Geheimnis« mit sich herumträgt, wie wir das in der Schauspielarbeit nennen. Gemeint ist, dass keiner sagen kann, was so ein Charakter im nächsten Augenblick unternimmt. Genau dieses Geheimnis schafft seine Leinwandpräsenz. Der Zuschauer spürt, da geht was in ihm vor, doch was wird seine nächste Reaktion sein? Es gibt eine Szene in Sergio Leones Meisterwerk »Es war einmal in Amerika«, da taucht Robert De Niro in seiner Rolle als David »Noodles« Aaronson nach längerer Abwesenheit wieder bei seinen Jugendfreunden Max Bercowicz, Patsy Goldberg und Cockeye Stein auf. Diese haben es zu Gangstern mit gutem Einkommen gebracht, und Max, der sich immer als zweite Geige hinter David verstanden hat, sieht sich jetzt als neuer Anführer. Nun will er wissen, wo David so lange abgeblieben ist. Der setzt sich hin, greift nach einer Tasse Kaffee, gibt Zucker hinein und beginnt mit einem kleinen silbernen Löffel darin umzurühren … und rührt … und rührt … und rührt. Es ist nahezu unerträglich, die Szene anzuschauen, denn die Anspannung im Raum steigt und steigt. Wir erwarten, dass gleich eine Bombe platzen wird, nämlich die Bombe David »Noodles« Aaronson. Dabei macht Robert De Niro nichts weiter, als mit dem Löffel im Kaffee zu rühren – den Satz mag er mir verzeihen, denn tatsächlich tut er sehr viel mehr. Er lässt uns an seinem intelligenten Geheimnis teilhaben und ermöglicht damit dem Zuschauer, tief in seine verletzte Seele zu blicken.

Für Schauspieler seines Kalibers gilt die Devise: Man lernt nie aus, selbst nach dem x-ten Film ist der Gang zum Schauspielcoach obligatorisch. Das tue ich ebenfalls, meiner heißt Frank Betzelt, ein ganz wunderbarer Lehrer, der mit einer Vielzahl von Methoden arbeitet, von Konstantin Stanislawski, Chechov über Sanford Meisner bis zu Systemischer Arbeit, dem NLP und dem Mentaltraining. Da geht es dann für mich darum, die verborgenen Aspekte einer Figur zu entdecken – Dinge, die nicht im Drehbuch stehen – oder detailliert eine Szene zu erforschen. Besonders angetan hat es mir dabei die Spieltechnik von Sanford Meisner. Im frühen 20. Jahrhundert war er selbst ein erfolgreicher Schauspieler gewesen, als er mit Lee Strasberg in New York die Schauspieltruppe Group Theatre gründete. Später wurde er zum gefragten Coach, der einen neuen Ansatz entwickelte. Ein Akteur, der nach seiner Technik arbeitet, wird im Spiel bei sich bleiben, aber seine Antennen weit ausfahren, um mit den anderen zu agieren. Von seinem Spielpartner nimmt er die Impulse auf, im Training kann das so aussehen: Zwei Schauspieler sitzen sich gegenüber. Einer lächelt, der andere nimmt diesen Impuls auf: »Du lächelst.«
Jetzt wiederholt der Partner den Satz.
»Ja, ich lächle.«
»Du scheinst dich zu freuen.« Das ist schon der nächste Impuls. Die Antwort lautet: »Ja, ich scheine mich zu freuen.«
Es geht um die exakte Beobachtung des Partners, der zur gleichen Zeit sein Gegenüber ebenso exakt wahrnimmt. Ganz bei sich zu sein und gleichzeitig ganz beim anderen, das ist die Kunst der Schauspielerei, die totale Kontrolle und die totale

Hingabe im selben Moment. So etwas muss man trainieren wie einen Muskel, doch wer Übungen wie diese eine Zeit lang fortsetzt, wird erstaunt sein, wie tief er in seine eigenen Empfindungen und die seiner Partner einsteigen kann. Ist ein Schauspieler dazu in der Lage, wird sich bei einer Szene wie De Niros Kaffeeumrühren die Decke vor lauter Energie anheben.

Von einem weiteren Lieblingsfilm habe ich ebenfalls einiges gelernt: »Der Pate« unter der Regie von Francis Ford Coppola nach dem Roman von Mario Puzo. »Amerigo Bonasera saß im Verhandlungsraum des New Yorker Strafgerichts Nummer 3 und wartete auf sein Recht …« So beginnt die Geschichte, und sofort wird man in ein Epos hineingezogen, das in historischen Bögen die dramatischen Ereignisse um den Mafiaclan der Corleone erzählt. Mit der Verfilmung des Buches hat Coppola Geschichte geschrieben, im ersten und zweiten Teil aus purer Lust am Erzählen, im dritten, weil er dringend Geld brauchte. Marlon Brando spielt den Paten – den Mann also, zu dem Amerigo Bonasera und viele andere auf Knien kriechen, wenn sie Gerechtigkeit wollen. »Wie macht das Brando?«, überlegte ich mir, als ich den Film zum ersten Mal sah. Ohne große Worte wirkte er hintergründig und gefährlich. Man konnte nachlesen, er habe sich während der Dreharbeiten Watte in den Mund gestopft, was für seine nuschelnde Sprechweise sorgte. Das ist aber nur ein äußerlicher Trick und nichts, was von innen kommt. Dann sah ich es. Da saß nicht einfach nur ein Gangsterboss hinter seinem Schreibtisch, der sein »Lieblingspatenkind« fragt: »Hat dein *padrino* nicht immer gehalten, was er verspricht? Hat mich jemals einer zum Narren halten können?«, um danach mit imposanter Entschlossenheit seinen Willen durchzusetzen. Da war ein Hai, der bereit ist, jeden

Natalia als Heilerin Ellen am Set von »Säulen der Erde«

Gegner zu zerfetzen. Auf einmal wurde mir klar, weshalb Brando in dieser Rolle so animalisch wirkte: weil er es war. Er spielte ein *animal*, ein Tier, einen Hai.

Für die »Säulen der Erde« arbeitete ich zum ersten Mal selbst mit Tiermotiven. Die Heilerin Ellen lebt am Rande der Gesellschaft draußen in der Wildnis mit einem Sohn, den sie beschützen muss, sie ist ein einsamer weiblicher Wolf. Wölfe gehören schon immer zu meinen Lieblingstieren, und so war es mir eine Freude, sie intensiv zu studieren. Die Lebensweisen von Wolf und Mensch zeigen erstaunliche Parallelen, aber auch ein paar ganz entscheidende Unterschiede. In der Nahrungskette stehen sie beide an der Spitze. Das machte Wölfe über die Jahrhunderte hinweg zu Konkurrenten des Menschen und führte in Europa dazu, dass wir die Tiere nahezu ausrotteten. Wie wir können sie in allen Klimazonen der Welt überleben, das verschärft noch einmal die Konkurrenzsituation. Ein Unterschied liegt in der Fortpflanzung: In Wolfsrudeln zeugen nur Alpha-männchen und Alphaweibchen Nachkommen, um eine Über-population zu verhindern. Aufgezogen wird der Nachwuchs vom Rudel, dabei spielen die »Tanten« eine entscheidende Rolle. Es ist faszinierend zu sehen, wie sie einen Ring um die spielenden Jungtiere ziehen, die Köpfe witternd nach außen gerichtet, während sich immer wieder eine von ihnen zu den Jungen aufmacht, um sie zu berühren. Dieser ständige Körper-kontakt vermittelt Familiensinn und Zusammengehörigkeits-gefühl. Also schlug ich Eddie Redmayne, der meinen Sohn Jack spielte, vor, mit mir ein Wolfsrudel zu bilden. Eddie, mitt-lerweile mit einem Oscar ausgezeichnet für seine Rolle als Stephen Hawking im Film »Die Entdeckung der Unendlich-keit«, war damit einverstanden. »Wir werden eine Einheit sein«, führte ich aus, »die keiner durchbrechen kann.« Wäh-rend des Drehs hatte das die Konsequenz, dass wir uns immer mehr vom Gewusel am Set absonderten, um »Wolfsrituale« durchzuführen. Deren Nasen sind tausendfach empfindlicher als unsere, sie nutzen sie zur Kommunikation, und als Jack in einer Szene die wahre Geschichte seiner Mutter kennenlernt, komme ich von der Seite an ihn heran, und wir berühren uns mit den Nasen, zart, innig, vertraut – wölfisch eben. So etwas steht nicht im Drehbuch, aber Sergio gefiel es, und er ermun-terte uns dazu, damit fortzufahren.

Das ist seine Art, ein Set zum Blühen zu bringen. Er verbindet die amerikanische Leichtigkeit des Geschichtenerzählens mit europäischem Tiefgang. Das machte ihn wie geschaffen für den gewaltigen Stoff. Sein Vater ist der kroatische Regisseur und Filmstudioleiter Vatroslav Mimica. Er kam eines Tages zu Besuch ans Set, ein hochgewachsener Mann mit langen, schlohweißen Haaren. Sergio saß vor einer ganzen Batterie von Monitoren, auf denen er einige bereits abgedrehte Szenen kontrollierte. Sein Vater stellte sich hinter ihn. Als er einen Filmausschnitt sah, der ihm nicht gefiel, schüttelte er unwillig den Kopf – und in derselben Sekunde tat es auch Sergio. Da begriff ich, wie innig Vater und Sohn miteinander verbunden waren, auch sie Teil eines Wolfsrudels.

Sergio forderte auch uns Schauspieler auf, in die Monitore zu blicken, was viele Regisseure vermeiden. Er sagte: »Schau dir das mal an. Was meinst du, können wir das nicht auf diese Art und jene Weise nochmals ausprobieren?« Oder auch: »Das ist einfach nur großartig! Sieh nur, wie wunderbar die Details sich fügen.« Wir durften am Monitor zusehen, wenn Kollegen an der Reihe waren, was viele andere Regisseure ebenfalls nicht wollen. So entstand bei den »Säulen der Erde« eine ganz besondere Verbundenheit aller Beteiligten, was ganz sicher zum internationalen Erfolg beitrug. Das freute mich ganz besonders, weil ich diesen Stoff immer als eine Heimatgeschichte gesehen habe. Es geht darum, wie einem gerade in der Heimat oft enge Grenzen gesetzt werden, aber dort eine Vision entstehen kann, die größer ist als alles bisher Dagewesene.

Unser Dankeschön für den Preis der Jury bei der Verleihung der Romy für »Die Säulen der Erde«

DIE WELLE

Heimat. Etwas, das ich verlassen habe, weil es zu eng wurde. Und dann habe ich mich doch wieder danach gesehnt. Bis ich glaubte, sie wiedergefunden zu haben. Neu und an einem ganz anderen Ort. Nur um herauszufinden, dass ich diesem neuen Ort nicht den Namen Heimat geben kann. Heimat ist da, wo ich geboren wurde, wo ich aufgewachsen bin. Alles andere kann Zuhause sein, aber nicht Heimat.

Judith Kennel

Was wäre, wenn? Das ist die Frage, die nicht nur im Film eine Geschichte beginnen lässt, das Gleiche passiert in unserem Leben. Was nicht verwunderlich ist, schließlich präsentieren Geschichten das Leben in seiner dramatisierten Form. Immer wieder stoßen wir dabei an Weggabelungen, an denen uns Entscheidungen abgerungen werden, die unser Dasein in die eine oder andere Richtung verschieben. Was wäre gewesen, wenn ich nicht von Stuttgart nach München gegangen wäre? Oder als Model in Paris geblieben wäre, um nicht meiner Neigung der Schauspielerei nachzugehen, sondern die Karriere dort fortzusetzen? Wenn ich am Dreh von »Miss Texas« diesem unverschämt gut aussehenden Schauspieler Robert Seeliger privat die kalte Schulter gezeigt hätte? All die Abzweigungen in unserem Leben, all die unendlich vielen Varianten … was wäre, wenn?

Was wäre, wenn ich im Dezember 2004 mit Robert nicht nach Thailand geflogen wäre? So abwegig ist das nicht. Robert ist zwar Kanadier mit deutschem und schottischem Blut in den Adern, doch eigentlich ist er ein Indianer, unter denen er aufgewachsen ist. Ich glaube, er saß schon auf dem Pferd, bevor er laufen konnte, und als ich zum ersten Mal die Blockhütte sah, die er als Kind mit nicht viel mehr als einer Axt errichtet hatte, war für mich klar: Natty Bumppo, den »Lederstrumpf« aus den Romanen von James Fenimore Cooper, gibt es wirklich.

Vor 150 Jahren wäre Robert einer der *Mountain Men* gewesen, diese Hundertschaft weißer Männer, die unter Indianern lebten und so die einzig wahren Zeugen ihrer unverfälschten Kultur wurden. Vielleicht einer wie Jim Bridger, der berühmteste unter ihnen; ein Mann, der die Sprachen der Snake, Bannock, Crow, Flathead, Nez Percé, Ute und Pend Oreille kann-

Robert (rechts) und sein Bruder Dirk bauen die Hütte, 1981

te, der erste Weiße, der die Geysire von Yellowstone sah und die versteinerten Bäume von Tower Junction. Davon berichtete er einem Reporter aus New York: »Dort sitzen versteinerte Vögel in versteinerten Bäumen und singen versteinerte Lieder.« In Deutschland braucht man etwas mehr Fantasie, um irgendwo noch ein Fleckchen Urwald zu finden. Am Oberrhein gelingt das noch in den Auen des Taubergießen, und wenn wir an solchen Orten sind, zieht Robert mit unserem gemeinsamen Sohn Jacob los: Dann galoppieren sie auf Pferden über die Felder und rasen auf Quad Bikes durch die Landschaft, dass mir ganz anders wird. Und Jacob stellt die Mama beim Treckerfahren in den Schatten – einer muss die Kaninchen in Sicherheit bringen! Danach wird ein Lagerfeuer angezündet, in Eisenkesseln Essen für eine halbe Hundertschaft gekocht und ein Baumhaus gebaut.

Jacob war noch nicht auf der Welt, als wir uns im Jahr 2004 kurz vor Weihnachten überlegten, wo wir ein paar Tage aus-

Jacob vor Roberts Hütte im Jahr 2011

spannen wollten. Es hätte viele mögliche Ziele gegeben: Kanada, die französischen Vogesen, den Schwarzwald. Was wäre, wenn? Am Ende lockte uns nicht die wilde Natur, sondern Sonne, Strand und Meer. Wir entschieden uns für Thailand. Jeder weiß, was dort passierte: Um 07:58 thailändischer Ortszeit löste ein unterseeisches Erdbeben eine Reihe von Tsunamis aus. Die Wassermassen rasten über den gesamten Indischen Ozean, der immerhin 15 Prozent der gesamten Erdoberfläche ausmacht, bis zu den afrikanischen Küstenstaaten Kenia, Tansania und Somalia, über die Malediven und Sri Lanka hinweg nach Myanmar, Indien, Thailand, Indonesien. Am Ende zählte man 230.000 Tote, 110.000 Verletzte, 1,7 Millionen Menschen wurden obdachlos. Doch was sind schon Zahlen? Bisher war ich weit weg gewesen von allen Katastrophen unserer Welt. Die Geschichten meiner Urgroßmutter von Tod und Vertreibung und den Gulags in Sibirien, die Erlebnisse meines Vaters im Zweiten Weltkrieg, all das hatte mich zutiefst berührt, aber ich hörte davon in der sicheren häuslichen Umgebung einer heimeligen Küche und eines vertrauten Wohnzimmers. Die Geschichten fühlten sich echt an und gingen mir unter die Haut. Doch die Wahrheit ist: Wenn man selbst so etwas erlebt, dann wird die Realität plötzlich irreal und der Satz »das ist doch völlig unmöglich« zum Rettungsanker aller Gedanken, weil alles um einen herum einfach zu groß ist. Diese Monsterwelle ist zu groß. Dass sie Schiffe wie Spielzeug um sich schleudert: zu groß. Dass sie ganze Häuser wegträgt, das Unterste nach oben dreht: viel zu groß. Die leblosen Körper, wie seltsame Fische im Wasser treibend: zu groß, um zu verstehen. Die Schreie der Verletzten, das Entsetzen in den Augen der Suchenden, all diese um ihren Verstand Ringenden: zu groß, alles zu groß. »Das ist doch völlig unmöglich« hilft, um in solchen Momenten nicht durchzudrehen. Es hilft einem dabei, zu handeln. Mir half es, zu retten und zu bergen, obwohl es aussah, als gäbe es nichts zu retten und zu bergen.

Jeder weiß, was passierte, auch ich weiß es heute, wenn auch einige Erinnerungen erst spät zurückkehrten. Als mich nach meiner Rückkehr nach Deutschland ein Journalist der »Zeit« aufsuchte, um über die Ereignisse zu schreiben, begann meine Darstellung folgerichtig mit den Worten:»Ich kann von dem Albtraum, den ich in den vergangenen Tagen erlebt habe, nur sprunghaft berichten …«
Wir waren in Khao Lak, weil man dort gut schnorcheln konnte. Der Urlaub war praktisch vorbei, wir saßen auf gepackten Koffern. Dann die Fahrt im Taxi Richtung Flughafen, wo wir sahen, was überall auf der Insel zu sehen ist: Kokospalmen. Häuser. Kokospalmen. Das Meer. Kokospalmen. Menschen,

die zum Strand laufen. Noch mehr Menschen, die zum Strand laufen. Aberhunderte, die zum Strand laufen.

Ich beugte mich zum Fahrer vor und fragte: »Was machen die alle?«

Es kam keine Reaktion, als habe er mich nicht gehört. Was möglich war, denn der Motor war laut, und das Radio brüllte Discomusik. Ich stupste ihn an der Schulter. Draußen schien die halbe Inselbevölkerung Richtung Meer zu laufen.

»Was tun die da?« Ich übertönte Motor und Radio, aber nicht den Fahrer. Der schrie auf einmal, wir waren um eine Kurve gebogen, und die Straße war weg. Wo Küste gewesen war, war jetzt nur noch Wasser.

»Ein Dammbruch«, dachte ich, »da ist irgendwo ein Damm gebrochen.« Als meine Gedanken bei »gebrochen« ankamen, brach auch der Schrei des Fahrers ab. Wie mit dem Messer durchtrennt, Töne, Stimmbänder, damit endlich Stille herrschte. Auch meine Erinnerungen schienen eine Zeit lang durchtrennt zu sein, bestanden aus vielen Einzelbildern, in die Netzhaut eingebrannt: das Wasser, die Zerstörung, die überfüllten Krankenhäuser. Fernsehbildschirme, auf denen CNN flackerte, und mein Gedanke dabei: Ist das eure Wirklichkeit? Die ist doch ganz anders! Dabei hatten wir Glück im Unglück, konnten Hand anlegen und helfen, wo es etwas zu helfen gab. Als wir Tage später im Flugzeug nach Deutschland saßen, konnte ich nicht ahnen, dass der Tsunami etwas in mir verändert hatte. Als ich zu Hause die Tür zu meiner Wohnung öffnete, wusste ich es noch immer nicht. So ist das mit Veränderungen: Erst in der Rückschau nehmen wir wahr, was ihr Auslöser gewesen sein muss, und in welche Richtung sich das Leben von nun an weiterbewegen wird. Seit damals visiert mein innerer Kompass neue Ziele an.

HILFE ZUR SELBSTHILFE

Für mich ist Heimat der wichtigste Ort in meinem Leben. Da bin ich daheim, fühle mich geborgen und lebendig zugleich.

Christine Strobl

Ich kam nach Hause und hatte eine Verpflichtung, die sich kein Drehbuchautor hätte perfider ausdenken können. Schon vor dem Thailand-Aufenthalt hatte ich mit den Dreharbeiten zum Zweiteiler »Die Sturmflut« begonnen. Laut Drehplan sollte es nach dem Urlaub nahtlos weitergehen. Der Film erzählt die Geschichte der Hamburger Sturmflut vom 16. Februar 1962. Produziert wurde er von Nico Hofmann, einem der erfolgreichsten deutschen Filmproduzenten. Autor war Holger-Carsten Schmidt, mehrfacher Grimme-Preisträger. Jorgo Papavassiliou, Absolvent der Filmakademie Ludwigsburg, führte Regie. Die Besetzung bestand aus Nadja Uhl, Benno Fürmann, Jan Josef Liefers, Michael Degen, Gaby Dohm, Götz George, Jutta Speidel, Elmar Wepper, Heiner Lauterbach und Bettina Zimmermann. Man war bereit, keine Mühen zu scheuen, um die dramatischen Ereignisse so echt wie möglich in Szene zu setzen. Ich spielte die Meteorologin Susanne Lenz vom Seewetteramt Hamburg, die ihren Vorgesetzten Friedrich Pröscher vor der herannahenden Sturmflut warnt, aber kein Gehör findet. In einer Szene sollte ich auf einer Bohrinsel um ein Haar ertrinken und musste wiederbelebt werden. Konnte ich das noch spielen?

In dieser Zeit erfuhr ich viel Zuwendung. In mir war ein diffuses Gefühl von Schuld, die Katastrophe überlebt zu haben, wo so viele Menschen sterben mussten. Davon berichteten auch andere Überlebende des Tsunamis. Psychologen sprechen in dem Zusammenhang von »falschen Schuldgefühlen« und raten dazu, aktiv zu werden. Das tat ich intuitiv. Mein erster Impuls war zu helfen, um den Menschen in den betroffenen Gebieten etwas zurückzugeben. Aber wie macht man das? Geld auf ein Spendenkonto zu überweisen war eine Möglichkeit, doch ich wollte mehr. Darüber sprach ich mit dem Fotografen Jim Rakete, einem engen Freund seit vielen Jahren. Der Journalist Georg von Böhm schrieb über Jim:»Er ist der Sensibelste unter all den Fotografen, schafft Porträts, die einen nicht mehr loslassen. Unglaubliche Antennen, nichts entgeht ihm, keine Nuance. Er scheint aus einem Riesenfundus an Wissen zu schöpfen über das Leben und die Welt.« Ich kann jedes Wort davon unterstreichen, und Jims Wissen kam jetzt gerade richtig. Einmal sagte er,»ich gehe immer an die Quelle«, und daraus entsprang unsere Idee. An die Quelle gehen, nicht nur Geld spenden, sondern Direkthilfe leisten. Dieses Wort floss in den Namen unserer Initiative ein. Zusammen mit Robert, Jim, Sherry Hormann und zwei Freunden aus Kiel, die wir in Thailand kennengelernt hatten, gründeten wir die Tsunami Direkthilfe e.V. Jim knüpfte Kontakt zu Frank-Walter Steinmeier, damals Chef des Bundeskanzleramts in der Regierung von Gerhard Schröder. Der hatte seinen Urlaub unterbrochen und mit Außenminister Joschka Fischer einen Krisenstab ins Leben gerufen, im Hintergrund koordinierte Steinmeier die Arbeit der Bundeswehr, des Technischen Hilfswerkes und anderer Hilfsorganisationen.

Es war ein kluges Krisenmanagement, bestätigte das Magazin »Der Spiegel« später, von dem auch wir profitierten. Wir richteten ein Spendenkonto ein, und einer der Ersten, der uns eine stattliche Unterstützung zukommen ließ, war Nico Hofmann. Sandra Maischberger stellte eine Sondersendung auf die Beine, in der ich mit Hans-Dietrich Genscher für unsere Sache werben konnte. Die Spendenbereitschaft der Deutschen für die vielen Menschen, deren Heimat komplett zerstört worden war, überwältigte mich. Schon bald hatten wir 400.000 Euro zusammen. Das viele Geld kam mir zunächst selbst wie ein Tsunami vor. Wenn man von diesen Dingen nur eine vage Vorstellung hat, aber vom Wunsch beseelt ist, helfen zu wollen, und sei es, jeden Cent persönlich zu den notleidenden Menschen zu tragen, ist professioneller Rat willkommen: Wie packen wir das an, wo beginnen wir, wo machen wir weiter? Ich erinnere mich an unzählige Telefonate, die wir führten, weil wir keine Löcher stopfen, sondern die Menschen in die Selbstständigkeit zurückführen wollten. Da in den Küstengebieten viele Fischer ihr ganzes Hab und Gut verloren hatten, lag es nahe, dort den Hebel anzusetzen. Am Ende errichteten wir unter anderem eine Werft in Sri Lanka und ließen neue Boote bauen, damit die Fischer wieder für ihre Familien sorgen konnten.

In diesen Tagen dachte ich intensiv über den Verlust von Heimat nach. Ich hatte meine verlassen, weil ich im damals jugendlichen Alter mit einigem nicht zurechtgekommen war. Doch ich hatte einen Traum, der mich an der Hand genommen und mich geleitet hat, und wenn ich heute darüber schreibe, wird mir klar: Eigentlich konnte ich nicht fehlgehen.

Doch was ist mit all den Menschen, die bleiben wollen, wo sie aufgewachsen sind, das aber nicht dürfen? Sehe ich heute die Bilder aus Syrien, aus den Herrschaftsgebieten des IS und aus den anderen vom Krieg betroffenen Regionen unserer Erde, ist mir klarer denn je, dass unsere bisherige Idee von Heimat auf schwankendem Boden steht. In Syrien, am Ufer des Euphrat begann vor 9000 Jahren die Kulturgeschichte der Menschheit. Dort wurden die ersten Nomaden sesshaft. Sie errichteten Häuser, bauten Obst und Gemüse an, domestizierten Tiere.

Mit anderen Worten, sie testeten den Lebensstil, den nahezu die gesamte Menschheit heute als den besten erachtet: die Errichtung einer festen Heimat. So begannen sie, Städte zu bauen; ein Lebenskonzept, das sich auf der ganzen Welt durchsetzte. Daher sind Aleppo und Damaskus die ältesten Städte der Welt mit kontinuierlicher Besiedelung. In Aleppo weidete bereits Abraham seine Herde, daher auch der Name: In der arabischen Sprache heißt die Stadt Halab, nach der Vergangenheitsform des Wortes für »melken«. Abraham hat hier seine Kuh asch-Schahba gemolken und die Milch an Arme verteilt. Die fragten dann: »Halab Abraham?«, »Hat Abraham gemolken?« Von da an taucht die Stadt unter dem Namen Halab in den Geschichtsbüchern auf. 5000 Jahre war Aleppo Heimat seiner Bewohner, 5000 Jahre lang kamen und gingen Kulturen, vom Byzantiner Nikephorus Phokas bis zu den Mongolen, und alle kamen mit ihren jeweiligen Religionen im Gepäck: Der Wettergott Hadad tummelte sich in Aleppo genauso wie sein Nachfolger Zeus. Gott Baal wurde angebetet, und Gott El, der heute noch in vielen Namen weiterlebt wie in Daniel, Raphael oder Manuel. Es fanden sich Christen ein, Muslime, Juden. Bis vor dem Krieg war die Stadt ein funktionierender Schmelztiegel: Araber, Armenier, Kurden, Griechen und Turkmenen lebten in friedlicher Koexistenz. Aleppo war ihre Heimat. Was dann geschah? Vieles ist darüber gesagt und geschrieben worden, aber können wir es *begreifen*? Ich glaube nicht. Ich glaube nicht, dass wir wissen, weshalb aus Heimat plötzlich Feindesland wird. Deshalb kennen wir auch niemals die genauen Beweggründe, warum Menschen losziehen, um sich irgendwo anders niederzulassen. Nur eines ist sicher: Wenn wir glauben, dass Hunderttausende Flüchtlinge den lebensgefährlichen Weg übers Mittelmeer wagen, weil das »gelobte Europa« lockt, irren wir. Niemand geht gerne in die Fremde ohne Essen, ohne Geld, ohne seine Sprache und Kultur. Und wir irren auch, wenn wir mit sechs Meter hohen Stacheldrahtzäunen rund um die Exklaven Ceuta und Melilla, die Vorposten Europas in Afrika, dieser Heimatflucht Herr werden wollen. Auch die deutsch-deutsche Mauer fiel, weil der Menschenwille irgendwann stärker ist als jeder Stein. Und es wird auch nicht helfen, dieser Entwicklung mit Notunterkünften und Flüchtlings-Ghettos zu begegnen. Ich habe auch keine einfache Lösung für all die drängenden Probleme parat, aber ich habe einen persönlichen Traum: In dem gibt es eine Heimat für alle, frei von Landesgrenzen. In ihr leben Menschen, die schon lange dort wohnen, mit denen, die gerade erst angekommen sind, Hand in Hand. In ihr sagt man nicht,»die anderen sind schuld«, sondern packt an. Und sind wir nicht schon auf diesem Weg? Noch nie hat Deutschland mehr Ausländern eine Heimat geben können wie heute: Aktuell sind es 8,2 Millionen Menschen mit ausschließlich ausländischer Staatsangehörigkeit, die bei uns leben. Allerdings stammen die meisten Neuzugänge aus Mitgliedsstaaten der Europäischen Union. Noch sind die Zäune für die anderen zu hoch, daran müssen wir arbeiten.

Vielleicht kann ich meinen Traum auch deshalb träumen, weil mir das Anpacken im Blut liegt. Das war zu dieser Zeit besonders willkommen, weil mir dadurch nicht passierte, was man das Reiter-vom-Bodensee-Syndrom nennt. Wenn in eiskalten Wintern das Meer der Schwaben zufriert, nennen es die Menschen am See eine »Seegfröne«. Dann kann man zu Fuß, zu Pferd, sogar in einem Wagen vom deutschen Ufer zum schweizerischen gelangen. Die erste Seegfröne wurde im Jahr 875 do-

kumentiert, die letzte im Winter 1962/63. Der Stuttgarter
Pfarrer und Schriftsteller Gustav Schwab verfasste über das
Phänomen im frühen 19. Jahrhundert eine Ballade: Darin will
ein Reiter in großer Eile den See erreichen, um diesen per Fähr-
kahn zu überqueren. Weil das Wasser gefroren und schneebe-
deckt ist, merkt er nicht, dass er längst darüberreitet. Erst am
gegenüberliegenden Ufer erkennt er die hinter ihm liegende
Gefahr und sinkt vor lauter Schreck tot vom Pferd.

Die Maid, sie staunet den Reiter an
»Der See liegt hinter dir und der Kahn.«
...
Es sieht sein Blick nur den grässlichen Schlund,
Im Geist versinkt er im schwarzen Grund.
...
Da seufzt er, da sinkt er vom Ross herab,
Da ward ihm am Ufer ein – trocken Grab.

Ich glaube heute, dass mir dieser nachträgliche Schrecken er-
spart blieb, weil ich mit der Unterstützung so vieler engagierter Menschen einen kleinen Teil dazu beitragen konnte, einen
Neuanfang in einer vom Tsunami betroffenen Region zu er-
möglichen.

Gleichzeitig stellte ich fest, dass ich mich selbst nach einem
Stück Boden sehnte, der zum sicheren Rückzugsort werden
könnte. Erdig stellte ich ihn mir vor, zum Verwurzeln, heimisch. In dieser Zeit fuhr ich häufig nach Cannstatt und kehrte an meine Kindheitsplätze zurück. In den Schwarzwald, wo
ich mit meinem Vater gecampt hatte. Und auf die Schwäbische
Alb, wo ich mit meiner Schwester so viele schöne Stunden auf

den Rücken der Pferde verbracht hatte. Sehnsuchtsorte, aber unerreichbar. Mein Beruf erfordert die Umgebung der Großstadt, denn dort sind die Theater, dort ist der Film. Also kehrte ich nach Berlin zurück, um mich »janz weit draußen« nach einem Grundstück umzusehen oder einem alten Haus oder am besten die Kombination aus beidem.

In den Weiten Brandenburgs wurde ich fündig. Dort fand ich ein Stückchen schwäbische Heimat, zumindest wenn man die alten Geschichtsfolianten abstaubt und aufschlägt: Ein Zweig der Hohenzollern-Dynastie gründetet Anfang des 15. Jahrhunderts die Mark Brandenburg und erlangte so später die Macht über das Herzogtum Preußen. Manchmal sind die Schwaben halt doch allgegenwärtig und nun also wieder, in Form einer Schauspielerin, die sich in einen verwahrlosten Bauernhof verliebte, ihn gegen jede Vernunft erwarb und plötzlich vor lauter Planen, Entkernen, Umbauen und Sanieren nicht mehr an Monsterwellen, grässliche Schlünde und den Schrecken des Überstandenen denken konnte. Nennen wir es Arbeitstherapie, und sie funktionierte hervorragend, weil am Ende dann doch gilt, was wir im Film »Die Kirche bleibt im Dorf« verraten: »Solang m' singt, isch 'd Kirch' net aus«, und solang' g'schafft wird, auch nicht. Und geschafft habe ich auf dem Hof und tue es noch heute, um in der Fremde, herzlich willkommen geheißen von den Menschen, die dort bereits schon lange leben, ein Fleckchen Erde namens Heimat zu finden.

FÜR DIE KINDER

*Im Frühling das frische Grün der Triebe,
der erste zarte Vogelgesang im Morgengrauen, und
dann Kirchenglocken, die aus der Ferne klingen.
Im Sommer heißer Teer auf den Straßen und darauf
der Regen. Rosenduft, unfassbar süß. Im Herbst sind
es Holunderbeeren, glänzende Kirschen und Schachtel-
halme; Respekt vor Gewitterwolken, wie ein Kind
fühle ich mich – wenn die Natur sich so verlässlich
verhält, bin ich nicht mehr heimatlos.*

Ursula Karven

Als die Dreharbeiten zur ersten Folge von »Unter anderen Umständen« zu Ende waren, kehrte ich nach Berlin zurück, wo Robert bereits wartete, nervös wie jeder werdende Vater. Nun wollten wir heiraten, an einem typischen Berliner Wintertag, eisig kalt mit tiefblauem Himmel. Im Schöneberger Rathaus, wo bis 1993 die Abgeordneten getagt hatten und am 26. Juni 1963 John F. Kennedy seiner Rede den berühmten Satz »Ich bin ein Berliner« beimischte, sprachen wir unser »Ja, ich will«. Danach mussten wir bloß die Straße überqueren, ein paar Häuserzüge zu Fuß gehen, schon waren wir bei uns angelangt. Damals lebten wir im Schöneberger Krippenhaus, dem früheren Geburtshaus des Viertels, einem riesigen alten Kasten. Gleich um die Ecke lag der internationale Kiez um den Nollendorfplatz, in die andere Richtung die Schwäbische Straße, also eine typisch Berliner Heimatmischung.

In dieser Zeit klingelte häufig das Telefon, und ich wurde ein ums andere Mal gefragt, ob ich mich auch für weitere soziale, gesellschaftlich relevante Zwecke engagieren wolle. Darüber musste ich erst einmal nachdenken. Ich hatte die Aufgabe mit der Tsunami Direkthilfe e.V. als Verpflichtung angesehen, da Robert und ich vergleichsweise ungeschoren davongekommen waren und ich etwas zurückgeben wollte. Nun stand die Frage im Raum: Setzt du die Sache fort? Als die Kindernothilfe anfragte, war es plötzlich keine Frage mehr. Die Antwort konnte nur »Ja« lauten. Ich habe sie nie bereut, und inzwischen ist die Kindernothilfe für mich selbst schon eine ganz eigene Art von Heimat geworden.

Kindernothilfe – alleine das Wort drückt aus, dass es sich hier um ein Hilfswerk dreht, das es eigentlich gar nicht geben dürfte. Kinder in Not stellen uns Erwachsenen immer ein Armutszeugnis aus. Sie sollten nicht in Not sein, doch das Gegenteil ist der Fall, sie sind stets die Ersten, die in Krisensituationen leiden müssen. Daher hat es sich die Kindernothilfe auf die Fahnen geschrieben, vor allem Aids-Waisen, Kinder mit Behinderungen, Straßenkinder und Kinderarbeiter zu unterstützen. Das tut sie seit 1959 mit viel Engagement in Asien, Afrika, Osteuropa und Lateinamerika. Mittlerweile werden über 1,5 Millionen Kinder gefördert, und zwar – denn das ist das Zauberwort, wenn es um humanitäre Hilfe geht – auf nachhaltige Art und Weise. Bisher hatte ich mich mit dem Ausdruck nicht auseinandergesetzt, dabei hatte ich intuitiv danach gestrebt. Wir wollten nicht Löcher stopfen, sondern Menschen in die Selbstständigkeit führen, und darin liegt die Bedeutung von »nachhaltig«. Mit einer Gießkanne Geld regnen zu lassen bringt wenig, im Gegenteil, so etwas zerstört häufig vorhandene Strukturen. Es geht darum, Spenden auf eine Art und Weise einzusetzen, damit Neues wachsen kann, ähnlich, wie wenn wir im Garten Gemüse säen und Monate später ernten dürfen. Man spricht von der »Hilfe zur Selbsthilfe«.

Seit ich mich für die Kindernothilfe engagiere, reise ich an Orte auf dieser Welt, die in keinem Reiseführer stehen. Nur dort kann ich feststellen, was gebraucht wird und ob die Spenden auch ankommen, wo sie ankommen sollen. Häufig sehe ich Dinge, die ich gar nicht sehen will. Die mich *greizdeiflswild macha'*, und am Ende dafür sorgen, noch eine Schippe draufzulegen. Das passierte mir zum ersten Mal in Kenia. Dort war ich im Rahmen des RTL-Spendenmarathons für die Kindernothilfe als Projektpatin unterwegs, um ein Grundstück für ein Schutzhaus für Mädchen zu erwerben, das Haus zu bauen und ein Jahr später einzuweihen. Ich war mit John in Kenia gewesen und erinnerte mich an Safarilandschaften und Sonnenuntergänge. So sehen Touristen das Land, so sehen Touristen viele Länder, daran ist auch nichts auszusetzen. Doch eine Medaille hat immer zwei Seiten, und nun lernte ich die Kehrseite der Urlaubsmedaille Kenia kennen. Die hatte nichts mehr mit Safaris und Sonnenuntergängen zu tun, sondern mit einer rigiden patriarchalischen Gesellschaftsform, in der Männer alles dürfen und Frauen kaum etwas. Was dazu führt, dass es tagtäglich zu Übergriffen kommt, bei denen Mädchen brutal vergewaltigt werden und die Täter davonspazieren, als sei nichts geschehen. Leider ist Ähnliches in vielen Ländern unserer Welt allgegenwärtig, denn die Gewalt gegen Frauen ist oft tief in der Gesellschaft verwurzelt. Da steigt beim Schreiben dieser Zeilen noch immer das Gefühl von Ohnmacht und Wut in mir auf, das mich in Kenia erfasste, als ich ein Schutzhaus besuchte, um mich dort mit den traumatisierten Mädchen zu unterhalten.

Es waren gefährliche Tage, denn die Täter scheuen sich nicht davor, das Haus anzugreifen, um ihre Opfer erneut zu missbrauchen oder gar zu töten. Wird einer der Männer tatsächlich angeklagt, kann die Situation richtig brenzlig werden, weil sich Freunde und Verwandte auf einen Rachefeldzug begeben. Obendrein werden viele Täter auf wundersame Weise freigesprochen, was sie dazu ermutigt, das nächste Mal noch grausamer vorzugehen.

Als ich wieder zu Hause war, schilderte ich Giovanni di Lorenzo, dem Chefredakteur der »Zeit«, einen aktuellen Fall. Die Kindernothilfe hatte im Schutzhaus ein vierjähriges Mäd-

Im Schutzhaus für Mädchen in Kenia

chen aufgenommen, das von einem nahen Verwandten auf unmenschliche Weise vergewaltigt worden war. Auch dieser Fall drohte unter den Teppich gekehrt zu werden. Giovanni schickte Carolin Emcke nach Kenia, die »Journalistin des Jahres« und Preisträgerin des »Ulrich-Wickert-Preises für Kinderrechte«. Carolin hielt sich so lange vor Ort auf, bis die Gerichtsverhandlung gegen den Täter tatsächlich mit einer Verurteilung endete. Ihr Artikel dazu heißt »Der lange Weg zur Gerechtigkeit«, und er schildert die hässliche Wahrheit, vor der wir nur allzu gerne die Augen verschließen. Ich kann das nicht mehr. Egal, ob ich nach Burma reise, ins russische Sankt Petersburg oder wieder einmal nach Kenia: Seit ich die bedürftigen Kinder in meine Arme und mein Herz geschlossen habe, möchte ich mit dem Helfen nicht mehr aufhören. Schließlich sind nach aktuellen Zahlen 20 Millionen Kinder auf der Flucht. Mehr als 265 Millionen Kinder müssen Tag für Tag unter widrigsten Umständen schuften. 70 Millionen Kinder haben noch nie eine

Schule gesehen. Erwachsene zwingen Kinder zur Prostitution und zum Militärdienst. Zahlen und Fakten, die uns beinahe erdrücken, hinter denen man sich aber auch verstecken kann.

Ich bin der Meinung, dass wir Heimat und Kindheit nicht länger voneinander trennen dürfen, dass eine sichere Heimat verbrieftes Grundrecht für Kinder werden muss. In dieser Heimat gibt es Schulen und keine Sklaverei, da gibt es Spiel und Freude und keinen Frondienst. Dabei dürfen wir nicht mit Fingern auf andere zeigen, schließlich ist es nicht allzu lange her, da war es bei uns ganz ähnlich. Vor vier bis fünf Generationen, Mitte des 19. Jahrhunderts, existierten im süddeutschen Raum die jährlich stattfindenden Kindermärkte, auf denen sich die jüngsten Arbeitskräfte bei den Bauern der Gegend *verdingten*. Viele der Kinder stammten aus bettelarmen Elternhäusern und kamen vom Regen in die Traufe. Erst als sich das demokratische Denken durchsetzen konnte und sich im Zuge dessen die Wirtschaft entwickelte, ersetzte Wohlstand die Armut, wurde Heimat geschaffen. Baden-Württemberg ist für mich ein gutes Beispiel, wir haben es hingekriegt – sogar in Unter- und Oberrieslingen.

DIE KIRCHE BLEIBT IM DORF

Es ist eigentlich unerklärlich. Kaum lande ich auf dem Manfred-Rommel-Flughafen in Stuttgart, werde ich von unsichtbaren Kräften zur Empfangshalle gelenkt. Dort zieht es mich nach rechts, vorbei an allen Mietwagenverleihern, direkt zur schwäbischen Bäckerei. »Zwei Laugenbrezeln bitte«, sage ich, und dann: »Nein, vier Stück, und zwar mit Butter!« Eine Stunde später erreiche ich meinen Heimatort Pforzheim und habe schon alle verdrückt. Ein Glücksgefühl befällt mich, eine kindliche Freude kehrt zurück: damals, als ich durch eine Brezel wie durch eine Sonnenbrille blickte, um die Sonne gleich dreimal zu sehen. So toll kann die Brezel sein, so schön, nach Hause zu kommen.

Dieter Kosslick

Wenn wir aus den Frankreichurlauben zurückkehrten, schlug mein Vater gerne einen Weg über den Schwarzwald ein. Die alte Verbindungsstrecke zwischen Mömpelgard und Stuttgart hatte es ihm angetan. Mömpelgard, die heutige französische Stadt Montbéliard, war 400 Jahre lang Württembergs linksrheinisches Gebiet gewesen. Unsere Fahrt führte über den Rhein, an Straßburg vorbei das Renchtal hoch, bis wir in die Stadt Oppenau kamen. Die ist heute, was ihre Einwohnerzahl von 4648 Menschen angeht, exakt die Durchschnittsgemeinde des Landes Baden-Württemberg, aber vor allem ein schönes Fleckchen Erde, mit einem gewaltigen Klotz von Berg hinter sich: der Kniebis, auf den eine Straße führt, die mit ihrer Steigung von 18 Prozent mit jeder alpinen Strecke konkurrieren kann. Die Oppenauer Steige wurde gebaut, um Mömpelgard an Stuttgart anzubinden, und da die Strecke über den Kniebis mühsam und lebensgefährlich war, weil sich der Berg zu jeder Jahreszeit gerne in dichten Nebel hüllt, baute man auf dem Pass ein Gasthaus mit dem poetischen Namen »Zuflucht«.

Auch durchs Kinzigtal fuhren wir gerne: die einzige West-Ost-Verbindung durch den Schwarzwald, die von den römischen Legionen genutzt werden konnte, die ansonsten von den undurchdringlichen Wäldern Abstand hielten. »Adnobae« heißt die älteste schriftliche Bezeichnung der Gegend beim römischen Geschichtsschreiber Tacitus, benannt nach der keltischen Waldgöttin Adnoba. Erst 74 nach Christus führte eine römische Heerstraße durchs Kinzigtal, während der innere Schwarzwald weiterhin unbesiedelt blieb. An der Ostgrenze Richtung Schwäbisch Gmünd und Aalen legten die Römer zum Schutz vor germanischen Stämmen ihren viele Hundert Kilometer langen Grenzwall »Limes« an. Auch eine Mauer,

Täterätää! Geballte Frauenpower in der Kirche 2

die keiner Ewigkeit standhalten konnte. Ein dritter Weg führte uns von Freiburg das Elztal hoch, vorbei an der Hochburg bei Emmendingen, wo ich viele Jahre später in dem Film »Die Kirche bleibt im Dorf« spielen sollte. Davon ahnte man nichts, als ich als kleines Mädchen die Nase an der Fensterscheibe des Autos platt drückte. Was es da draußen zu sehen gab, gefiel mir. Die Fahrt über Berge mit hübschen Namen wie Land-Wasser-Eck oder Heidburg, Fohrenbühl oder Windkapf blieben mir in Erinnerung. Irgendwann kamen wir in einen Ort namens Tennenbronn. An ihn erinnerte ich mich, als mich Ulrike Grote anrief. »Das Drehbuch ist fertig«, sagte sie, diese besondere Komödie, die von Heimat erzählen sollte, verwurzelt war mit dieser Heimat, sie bereits im Titel trug: »Die Kirche bleibt im Dorf«.

»*Ond? Bisch dabei?*«, war die Frage, und ich sagte zu, nicht ahnend, wie sehr die im Dorf bleibende Kirche ihren Teil dazu

Wenn wir um die Kirche streiten, fliegen schon mal die Fetzen.

beitragen sollte, dass aus dem Heimatfrust meiner Jugend wahre Heimatlust werden sollte.

Im Film geht es um die Fehde der Dörfer Unterrieslingen und Oberrieslingen. Die einen besitzen den Friedhof, die anderen die Kirche, ihr Streit um Kaisers Bart ist so alt wie die Menschheit selbst, und als ich das Drehbuch las, fielen mir die wunderbaren Urlaubsfahrten meiner Kindheit ein, die mich überallhin gebracht hatten, sogar ins Örtchen Tennenbronn.

Das gehört heute zur Stadt Schramberg, doch bis zum Jahr 2006 war man selbstständig gewesen. Durch die Lage nahe der badisch-württembergischen Grenzen, die in alten Zeiten eine badisch-österreichische Grenze gewesen ist, war man Spielball der großen Politik. Als Napoleon an die Macht kam und von da an bestimmte, was in Europa passieren sollte und was nicht, wurde Tennenbronn 1805 württembergisch und fünf Jahre später badisch. Der Grund war, dass der französische Eroberer bei seinen Heereszügen das württembergische Königreich nicht durchqueren wollte. Weil aber die Heerstraße über Tennenbronner Gemarkung verlief, wurde der Ort auf allerhöchsten Befehl dem Großherzogtum Baden zugeschlagen. Bis dahin waren die Tennenbronner schon einiges gewohnt. Seit einem »Tennenbronner Vertrag« aus dem Jahr 1558 war man in einen evangelischen und einen katholischen Ort geteilt. »Katholisch Tennenbronn« und »Evangelisch Tennenbronn« teilten sich den Ortskern, hatten aber jeweils einen eigenen Bürgermeister, einen eigenen Gemeinderat, ein eigenes Rat- und Schulhaus, eine eigene Kirche, einen eigenen Pfarrer, und, als ob es nicht reichte, jeder einen eigenen Friedhof. Und das bei nie mehr als 1700 Einwohnern. Trotzdem kamen die Leute gut miteinander aus, wie in evangelischen Visitationsberichten zu lesen ist: »Das Verhältnis zwischen der evangelischen und katholischen Gemeinde ist ein freundliches«, wurde ums Jahr 1900 notiert. Da machte man sich Sorgen um die Moral der Jugend: »Die Eltern lassen es geschehen, dass junge Leute in ungebundener Weise miteinander verkehren. Bei Lichtgängen, Hochzeiten, Fasnacht und Rekrutenabschieden besuchen ihre Töchter das Wirtshaus. Da kommen manche zu Fall ...«

Mancher Schlaukopf nutzte die Situation für seine Zwecke. »Es wurden«, steht im Visitationsbericht von 1910, »zwei Kinder auf Wunsch des katholischen Vaters hin umgetauft, weil er seinen Schwiegervater damit ärgern wollte.«

Mir gab das einen weiteren Motivationsschub, weil in Tennenbronn passiert war, was wir im Kino erzählen wollten. Und weil in diesem Ort Heimat vorgelebt wurde, wie wir es uns heute wünschen: Wenn auch Konfessionen die Menschen trennen, sollten wir das Beste daraus machen. *Das Verhältnis zwischen der evangelischen und katholischen Gemeinde ist ein freundliches* – was können wir uns mehr wünschen? In Unterrieslingen und Oberrieslingen müssen die Häberles und Rossbauers einige Abenteuer bestehen, bevor sie sich am Ende die Hände reichen können.

Weil diese Geschichte bei den Zuschauern gut ankam, drehte Ulrike gleich noch eine Serie fürs Fernsehen mit demselben Titel und erzählt dabei, was vorher geschah. Auch das gefiel den Leuten, was dazu führte, dass die Serie in die nächste Staffel ging und die Entscheidung zur Fortsetzung unseres Kinoabenteuers fiel.

Einen Großteil der Dreharbeiten verbrachten wir in Freiamt, denn von dort war es nur ein Katzensprung bis zur Hochburg. In dieser großartigen Festungsanlage nahe Emmendingen filmten wir einige der Schlüsselszenen, um uns im Anschluss nach Offenburg aufzumachen. Darauf hatte ich mich besonders gefreut, denn die Stadt an der Kinzig spielte eine wesentliche Rolle in der demokratischen Freiheitsbewegung der Badischen Revolution. Im historischen Gasthaus Salmen, das heute ein wichtiger Kulturort ist, forderten die Bürger ihre Menschenrechte ein und riefen nach Pressefreiheit. 1848 strömten 20.000 Leute in die Stadt, um ihrem Ruf Nachdruck zu verleihen. Im nahen Rastatt begannen badische Truppen zu meutern, und am 13. Mai übernahm der Landesausschuss die Macht in Karlsruhe, um dort die erste demokratische Regierung auf deutschem Boden zu schaffen. Bereits ein paar Monate später besetzte eine

11.000 Mann starke preußische Truppe Offenburg und zertrampelte das zarte Pflänzchen Demokratie unter ihren Stiefeln. Trotzdem: Nirgendwo in Deutschland erklang der Wunsch nach demokratischen Verhältnissen so laut und so furchtlos wie in der Ortenau. An die dramatischen Ereignisse erinnert in Offenburg das jährlich wiederkehrende Freiheitsfest, bei dem immer die 13 Artikel im Mittelpunkt stehen, die damals debattiert wurden. Einige von ihnen sind auch heute noch hochaktuell, vor allem unter europäischen Gesichtspunkten:

Wir verlangen Ausgleichung des Missverhältnisses
zwischen Arbeit und Capital.
...
Wir verlangen eine gerechte Besteuerung.
Jeder trage zu den Lasten des Staates nach Kräften bei.
...
Wir verlangen, dass die Bildung durch Unterricht
allen gleich zugänglich werde.
...
Wir verlangen Gesetze, welche freier Bürger würdig
sind und deren Anwendung durch Geschworenengerichte.
Der Bürger werde von dem Bürger gerichtet.
Die Gerechtigkeitspflege sei Sache des Volkes.

Wir waren im Hotel Sonne untergekommen, das bereits 1376 urkundlich erwähnt wurde, als ich eines Abends aus purer Neugierde in alten Gästebüchern blätterte. Auf einmal stieß ich auf einen Eintrag, der mit Adolf Hitler unterzeichnet war. Ich fragte den Wirt, und der erzählte mir von dessen Besuch kurz vor der Machtergreifung. Damals war das Gasthaus »Zum Salmen« bereits zur Synagoge umgebaut gewesen, und auch diese wurde während der Novemberpogrome 1938 verwüstet. Kaum drei Generationen lagen zwischen dem Ruf nach Demokratie und der Diktatur, und mir wurde einmal mehr bewusst, dass dieses Wechselspiel eine Verpflichtung bedeutet, die Heimat und ihre Geschichte kennenzulernen. Für mich Anlass genug, an die Dreharbeiten eine ausgedehnte Tour durchs *Ländle* anzuschließen. Ich hatte große Lust, mit neuen Augen zu sehen, was früher ein Flickenteppich aus Reichsstädten, Klosterbesitzungen, Gütern der Reichsritterschaft und des Deutschen Ordens gewesen ist, der Grafschaften Hohenzollern, des Hauses Fürstenberg und Vorderösterreich, um unter Napoleon zum Königreich Württemberg, Herzogtum Baden und den Hohenzollern'schen Landen zu werden, und nach dem Zweiten Weltkrieg das Bundesland mit dem *Strichle* dazwischen: mein Baden-Württemberg.

IN DIPLOMATISCHER MISSION

Meine Heimat ist Berlin. Da bin ich geboren.

Marinus Wörner, neun Jahre

Vielleicht, weil ich mich auf der Reise bereits mit der Geschichte des Götz von Berlichingen beschäftigte, die später in den Film münden sollte, stieß ich auf eine Anekdote über den Herzog Eberhard III., der mitten im 30-jährigen Krieg mit gerade mal 19 Jahren die Herrschaft über Württemberg antrat. Der junge Regent bemühte sich um Neutralität in den Wirren der Kriegsepoche, doch leider vergeblich. Kaum im Amt kam es an der Landesgrenze bei Nördlingen zur Schlacht mit kaiserlichen und bayerischen Truppen, die den Schweden und der württembergischen Landmiliz eine herbe Niederlage bereiteten. Der junge Regent floh in Panik über den Rhein nach Straßburg und ließ sein Land führungslos zurück. Das Herzogtum wurde verwüstet, Städte wie Calw und Waiblingen niedergebrannt, alle Festungen außer der Hohentwiel eingenommen, die Landwirtschaft und der Weinbau zerstört und auch die wichtigsten Produktionszweige der damaligen Zeit, die Tuchfabrikation in Calw und die Leinwandherstellung in Urach. Hatte vor Ausbruch des Krieges Württemberg 450.000 Einwohner gezählt, waren es jetzt nur noch 100.000. Es herrschte heftige »Leutenot«, man brauchte Menschen, um die entvölkerten Landstriche wieder zum Leben zu erwecken.

Damals erinnerte man sich an die Waldenser, Angehörige einer im Mittelalter entstandenen Reformbewegung, denen der französische König Ludwig XIV. die Ausübung ihres Glaubens verboten hatte. Ihr Gründer war ein Kaufmann aus Lyon namens Petrus Valdes gewesen, dessen Geschichte an Siddhartha Gautama erinnert, den Stammvater des Buddhismus: Einem Adelsgeschlecht entstammend, lebte Siddhartha im prunkvollen Reichtum, bis er auf Wanderungen das Leiden der Menschen sah und beschloss, ein Leben als Asket zu führen. Auch Petrus

Valdes kannte den sorglosen Wohlstand, geriet aber in eine innere Krise und vollführte nach intensivem Bibelstudium die radikale Wende in seinem Leben. Von nun an kritisierte er Prunk, Protz und Verschwendung, was bei der katholischen Kirchenführung und den weltlichen Herrschern am Hof von Versailles gar nicht gut ankam. Die Waldenser mussten fliehen, zunächst nach Südfrankreich, dann in die vorwiegend evangelische Schweiz und Richtung Württemberg. Nach langen Wanderungen ließen sich die ersten Familien zwischen Maulbronn und Leonberg nieder, denen schon bald weitere folgten. Heute erzählen die Namen zahlreicher Dörfer im Heckengäu von dieser Zeit: Perouse, Villach, Kleinvillars und Großvillars, Corres, Sengach und Serres heißen sie. Die Waldenser brachten Kenntnisse über die Seidenraupenzucht mit und pflanzten um das Jahr 1600 zwischen Ötisheim und Dürrmenz über 2000 Maulbeerbäume, die jedoch dem kalten württembergischen Winter nicht standhalten konnten. Mehr Erfolg war der Kartoffel beschieden: Auch die kannte zu dieser Zeit noch niemand, bis der waldensische Pfarrer Henri Arnaud die ersten Knollen in seinem Garten erntete.

Es waren also *Rei'gschmeckte,* die uns Schwaben die Leibspeise nahebrachten. Erdäpfel, wie wir sagen, *Kardoffla, Bodabira* oder *Grombiera.* Aus denen stellen wir her, was uns der Himmel auf Erden ist, *an rechdr Grombierasalad. Der muass nadierlich soichnass sei ond nedd furzdrogga.*
Immer wieder dachte ich auf meiner Reise daran, wie schnell wir vergessen, dass lieb gewordene *Heimatträsterle* oft aus der Fremde stammen. Als die Waldenser nach Württemberg kamen, wurden sie mit reichlich Misstrauen empfangen, denn sie waren bettelarm, sprachen ihren *patois* und schotteten sich

von den Alteingesessenen ab. Kommt uns das bekannt vor? Die Gegenwart ist eine Wiederholung von Ereignissen, die uns ermuntern sollen, aus der Geschichte zu lernen, mit viel Offenheit und Neugier.

Das kam mir in den Sinn, als mir eine Filmrolle angetragen wurde, die schon im Titel ein Versprechen abgibt: »Die Diplomatin« heißt die neue Reihe um Karla Lorenz, die im Auftrag des Auswärtigen Amtes auf der ganzen Welt deutschen Bürgern in Krisensituationen zur Seite steht. Noch während ich das erste Mal mit dem Fernsehsender und der Filmproduktion darüber sprach, verspürte ich große Lust loszulegen. Es war, als hätte ich nur darauf gewartet, in diplomatischen Diensten aktiv zu werden, um zu tun, was unsere Welt am besten weiterbringt: Konflikte entschärfen, Wissen schaffen, Geschichte verbreiten, Zukunft formen. Wer weiß, ob ich dafür bereit gewesen wäre, bevor ich mich aufmachte, meine Heimat neu zu entdecken. Doch frisch gestärkt mit dem Wissen, woher ich komme und wo meine Wurzeln liegen, stand mir die Welt offen für dieses neue Abenteuer.

Für viele Deutsche zählt ein Schwabe zu den angesehensten Diplomaten in der Geschichte der Bundesrepublik: Theodor Heuss, der erste Bundespräsident. Kurz nach dem Zweiten Weltkrieg von den europäischen Staaten gemieden wie ein Aussätziger, gelang es ihm so nach und nach, das Ansehen der Deutschen neu zu stärken. Kein Wunder schrieb die Londoner »Times« nach seinem Tod: »Professor Heuss war außergewöhnlich erfolgreich als Bundespräsident und verkörperte bis zur Perfektion das Konzept des gebildeten Ehrenmanns unter den extrem schwierigen Umständen, in denen sich Deutschland befand … er tat als formelles Staatsoberhaupt, was er konnte, um das Image des Landes als eins der Dichter, Philosophen und Musiker wiederherzustellen.« Das nenne ich diplomatischen Erfolg im allerbesten Sinne, wobei Theodor Heuss sein großer Humor zur Seite stand. Seine Bonmots kann man sich heute noch genüsslich auf der Zunge zergehen lassen: »Jedes Volk hat die naive Auffassung, Gottes bester Einfall zu sein.«

»Der Hass ist ein schlechter Ratgeber, er lebt nur vom Gestern.«

Und, einer meiner Lieblinge, weil es mir aus dem Herzen spricht: »Der einzige Mist, auf dem nichts wächst, ist der Pessimist.«

Das Gegenteil eines Pessimisten ist auch Frank-Walter Steinmeier, der mich darin unterstützte, zur Vorbereitung auf meine neue Rolle die Welt der Diplomatie kennenzulernen und besser zu verstehen. Ich konnte den Minister des Auswärtigen zusammen mit einer Abordnung von Journalisten, Wirtschaftsvertretern, Geistlichen und Künstlern auf einer Reise nach Asien begleiten, ausgerechnet im Regierungs-Airbus A 340, getauft auf den Namen »Theodor Heuss«. Das Erste, was ich lernte: Als Chefdiplomat braucht man eine hervorragende Kondition, *a echte Kuddel,* wie wir sagen, denn ein Termin jagte den nächsten, an Schlaf war nicht zu denken. Trotzdem sollte man stets frisch aus der Wäsche schauen, gerade so, als gäbe es Dinge wie Jetlag und Reisestress gar nicht. Auf dieser Reise erfuhr ich, dass die Kunst der Diplomatie vor allem das Schaffen von Möglichkeiten ist, auch wenn die äußeren Umstände und die Arbeitsatmosphäre angespannt sind. Darin erwies sich Frank-Walter Steinmeier als ein Meister seines Faches.

Mit Frank-Walter Steinmeier unterwegs nach Asien, 2014

Egal, in welches Land man kommt, ziemt es sich, mit den Gewohnheiten und der Kultur vertraut zu sein. Ein diplomatisches Fettnäpfchen wäre, zu einem Pforzheimer zu sagen, er sei Württemberger oder gar ein Kandel-Schwob, also einer von denen, die es sich auf der ehemaligen Grenze bequem gemacht haben. In der Heimat lässt sich dieser Fauxpas mit einer Flasche Spätburgunder aus der Weinregion um Ellmendingen-Dietlingen aus der Welt schaffen. An der Grenze zwischen Nordkorea und Südkorea geht das nicht. Hier entpuppte sich Heimat als Illusion im Niemandsland einer Grenzstation, die auf mich bedrückend wirkte und fern jeglicher Hoffnung. Dabei ist Zuversicht die stärkste Waffe der Diplomatie, und das war die zweite Lektion: Ein »Nein« ist keine Antwort, denn mit diplomatischem Geschick kann daraus ein »Vielleicht« werden und möglicherweise auch ein »Ja«.

Als wir einige Wochen später in Thailand mit den Dreharbeiten begannen, hatte ich bald die Gelegenheit dazu, mein neu erworbenes Wissen der Nagelprobe zu unterziehen. Ein altehrwürdiger britischer Herrenclub erlaubte uns, einige Szenen in seinem edlen Ambiente zu drehen. Voraussetzung war allerdings: Es durfte keine deutsche Flagge gehisst werden. Der Präsident ließ uns wissen, einige der älteren Mitglieder könnten sich daran stören.

Keine leichte Aufgabe für die Regisseurin Franziska Meletzky und ihre Kamerafrau Bella Halben, schließlich sollten die Szenen diplomatisches Parkett zeigen, und da sind nun mal Flaggen im Spiel. Doch weil Jack Lemmon recht hat, und es jedes Mal ein verdammtes Wunder ist, wenn am Ende ein Film zustande kommt, zauberten die beiden, und alle waren zufrieden. Bis sich einer aus dem Team, der vom Flaggenverbot nichts wusste, aus dem Fundus eine deutsche Fahne schnappte und ein Fußballlied schmetternd durch den Club stapfte, genau in die Arme des Präsidenten. Ich sah, wie dessen Gesicht rot anlief, und machte mich bereit, meine diplomatische Meisterprüfung abzulegen. Ähnlich wie damals, als Mutter und ich in perfekter Teamarbeit Uroma Moni davon abbringen konnten, Kater Charlie in den Himmel zu befördern, setzte jetzt Franziska ganz auf die Karte »Ablenkung«.

»Dreht weiter«, raunte sie mir und Bella zu, eigentlich eine Sache der Unmöglichkeit, die zeigte, was für ein gut eingespieltes Triumvirat wir sind. Franziska hakte den Präsidenten unter und redete beschwichtigend auf ihn ein, während Bella flugs die Kamera auf uns Schauspieler richtete, und wir drehten, was noch nicht im Kasten war. Als wir kurze Zeit später das Feld räumten, war man im britischen Club mit dem Auftritt der Deutschen wieder versöhnt. Und wer weiß, vielleicht gewöhnen sich selbst die älteren Mitglieder noch an den Anblick einer deutschen Flagge.

Es hatte mich einige Überwindung gekostet, nach Thailand zu reisen, denn natürlich kehrten die Erinnerungen an den Tsunami zurück. So konnte ich auch noch der dritten Lektion gerecht werden, die ich von der Reise an die nordkoreanische Grenze mitnehmen durfte: ein »geht nicht, gibt's nicht« in der Diplomatie. Das gefällt mir am besten daran.

DIE KIRCHE BLEIBT ZWAR IM DORF, DOCH SIE ÖFFNET SICH

heimat
und du fragst mich was
heimat ist das jod auf den
blutenden knien die hand
in den brennnesseln das versteck
der kindheit unauffindbar
im stroh der erinnerung
die nadel zu der das herz
ausschlägt in der faust
der schmetterling die sonne
über den sumpfwiesen der
ball und die scherben im
flussbett nichts als fort von
hier komm ich her die berge
immer mitgeschleppt das meer
wie ein wort gesucht die
wiederholung der wellen am
dampfersteg die füße im kalten
wasser ulyss der nach den qualen
schlafend die heimat fand was
hatte er dort zu suchen aufgewacht als
fremder in der fremde die söhne
verlieren sie aus den augen
wenn sie wiederkehren die
kreuzbänder gerissen aber die
knie bluten nicht mehr nur
der stein liegt noch da auf dem
grasfleck und will geworfen sein

Albert Ostermaier

Der Erfolg des Kinofilms »Die Kirche bleibt im Dorf« kam uns allen wie ein kleines Wunder vor. Es wird eine einfache Geschichte aus der Heimat erzählt, die Sprache ist Schwäbisch … genug Gründe, warum so ein Film an der Kinokasse floppen kann. Das tat er nicht, die Menschen liebten ihn, und das nicht nur im Südwesten der Republik. Offenbar erzählten wir eine Geschichte, der es gelang, die Herzen zu berühren, was alle dazu anspornte, dem Wunsch nach einer Fortsetzung nachzukommen: Um die Kirche vor dem baulichen Verfall zu retten, führt es Unterrieslinger und Oberrieslinger auf musikalische Wege hinaus in die Welt, doch in Wahrheit liegt die Rettung in ihnen selbst. So entsteht ein mutiger Plan, der zeigt, wie Heimat sein soll, um funktionieren zu können: weltoffen und neugierig auch, was andere Religionen angeht. Aus der Dorfkirche, die stets ein Zankapfel zwischen den Menschen gewesen ist, wird ein Ort, der den großen Weltreligionen Christentum, Judentum, Islam, Hinduismus und Buddhismus einen Raum gibt und miteinander versöhnt. *Und wenn säll' in Unter- und Oberrieslingen möglich isch', wär's doch g'lacht, wenn mo' des anderswo nit au' na'griega' däd.*

Auch das ist Heimat: wenn es ein Happy End gibt.

EPILOG

Zwischen Heimatfrust und Heimatlust liegen drei Buchstaben, 30 Jahre und die Erkenntnis: Alles war richtig so. Die Irrungen und Wirrungen, die falschen Abzweigungen und natürlich sämtliche Umwege. Was immer mich von der Heimat weggeführt hat, sorgte am Ende dafür, dass ich sie mit reinem Herzen wiederfand. Ist unser Leben die Summe aller Erfahrungen, kann ich jetzt schon sagen: Heimat funktionierte bei mir wie ein Magnet, den man umdreht. Erst stieß er mich ab, dann zog er mich an. Als ich meine Familie und meinen Freundeskreis bat, mir ihre Empfindungen zum Thema »Heimat« zu schildern, war ich überrascht über die Vielfalt ihrer Gedanken. Sie unterstützten das, was ich selbst empfinde: Geben wir dem Begriff »Heimat« eine neue Heimat. Zu der gehört, dass wir uns in der Fremde heimisch fühlen dürfen. Zu der gehört, dass sich Fremde bei uns heimisch fühlen dürfen. Jeder hat ein Recht auf Heimat, und was fremd war, darf auch selbst Heimat werden. Das liegt in der Natur unseres Daseins, dagegen sollten wir uns nicht sträuben.

Ich habe meinen Lebensmittelpunkt nicht dort, wo ich aufgewachsen bin, und das macht die Sache richtig spannend. Nun kann ich den Blick von außen genießen und wenn ich vor Ort bin, den von innen. Der von außen war wichtig, um dieses Buch schreiben zu können, der von innen sorgt fürs Wohlbefinden, weil nichts so schön ist wie das Sehnen nach dem Sehnsuchtsort. Das hält jung und wach und leidenschaftlich und sorgt dafür, das gefährdete Gut Heimat, manchmal zerbrechlich wie ein rohes Ei, zu hegen, zu pflegen und für die Welt zu öffnen. Drohen mich bei dieser Liebeslust mitunter die Gefühle zu überwältigen, rufe ich mir ins Gedächtnis, was so mancher wackere Schwabe über die Stippvisite der Verwandtschaft zu sagen weiß: *An' Bsuch machd immer zwoimal Fraid – wenn er kommd ond wenn er gohd.*

So werde auch ich es halten: Mit Begeisterung kommen, mit Sehnsucht wieder gehen, um mit neuer Begeisterung zurückzukehren, zur doppelten *Fraid* meiner Landsleute.

DANKSAGUNG

Ich möchte mich bei all den Momenten in meinem Leben bedanken, die unverortbar sind.

Die Nächte, die man irgendwo in einem Flughafenhotel verbringt, weil irgendein Anschlussflug verpasst wurde und man ohne Gepäck in einem Plastikmäntelchen und kleiner Zahnbürste in der Matrix landet, und man weiß, man hat eine Nacht vor sich, in der man nur häppchenweise schlafen wird, wenn überhaupt.

Das sind die Momente der Entwurzelung, jenseits des Ortes, und das können sehr kreative Momente sein.

Denn man betrachtet sich und sein Tun und die Menschen, mit denen man sein Leben verbringt, wie durch einen Filter, und meistens sieht man sehr klar Kontur und Tiefe.

Mein Leben ist gesegnet mit wunderbaren Freundschaften – jahrzehntelangen Verbindungen und Lebensliebes, und euch, nebst meiner Familie, gilt mein Dank und meine Liebe.

Ihr seid alle in diesem Buch vereint. Ohne euch hätte ich keine Motivation gehabt, darüber zu schreiben.

Mit euch habe ich die Frage geteilt: Was ist Heimat? Und was bedeutet sie dir?

Eure Antworten haben mich gefreut und inspiriert, und ich danke euch aus vollem Herzen.

Danke an meinem Sohn Jacob, der eine konstante Inspiration ist, da er immer genau fragt und hinweist und nachhakt, und der in seinem Herzen weilt und das schönste Geschenk dieser Welt ist.

Ein herzliches Dankeschön an Ulrich Ehrlenspiel für seine biblische siebenjährige Geduld und seine humorvolle Persistenz in Bezug auf meine Person, der jeder Fluchtbewegung mit väterlicher Geduld entgegengetreten ist.

Ich möchte mich von Herzen bei Daniel Oliver Bachmann bedanken, ohne den dieses Buch nicht das Licht der Welt erblickt hätte.

BILDNACHWEIS

Boris Laewen / Fortune Cookie Film 2014: 228, 248
Carlo Rola / UFA FICTION / RTL: 180
Ellen von Unwerth: 147
Fortune Cookie Film/ Boris Laewen 2011: 229
Frank Rothe PHOTOGRAPHY
  (FrankRotheBerlin@aol.com): 224
Gettyimages: 61 (Andreas Wonisch), 143
  (Maurice Alexandre F.P.)
Jim Rakete/photoselection.de: 122
Karl Lagerfeld: 45
Laif: U1 (Christian Schoppe)
Photo: GABO (www.gabo-photos.com): 196
Picture Alliance: 205 (Andreas Pessenleher/APA/
  Picturedesk.com), 239 (dpa/Maurizio Gambarini)
Privatarchiv Natalia Wörner: 16, 33, 54, 72, 73, 91, 128,
  140, 160, 175, 208, 209
Sabine Hackenberg / Fortune Cookie Film 2011: 63
SAT.1/Satu Wainio: 48
Tandem Productions GmbH. All rights reserved: 202
Wolfgang Wilde: 184
ZDF Enterprises: 35, 90 (ZDF und Dusan Martincek,
  Lukás Zentel)

DIE WÖLFE SIND WIEDER DA!

150 Jahre lang waren Wölfe in Mitteleuropa ausgerottet. Doch seit der Jahrtausendwende erobern sie ihre angestammten Lebensräume mit stürmischem Elan zurück. Unsere neuen Nachbarn sind eine Herausforderung. Von den einen willkommen geheißen, von den anderen skeptisch abgelehnt – Wölfe rühren an Emotionen und an Jahrtausende zurückreichende Erinnerungen.

ISBN 978-3-570-50171-9

WWW.RIEMANN-VERLAG.DE

PORTRÄT EINER UNTERSCHÄTZTEN GENERATION

Wer ist diese Generation, die zwischen 1960 und 1975 geboren wurde und heute die Mitte der Gesellschaft bildet? Sie waren keine „68er" mehr und sind noch keine „Digital Natives". Die Autoren zeichnen mit feiner Ironie ein Psychogramm der Babyboomer und wagen ihre Rehabilitation. Denn diese Generation hat weit mehr zu bieten, als sie selbst glaubt!

ISBN 978-3-570-50154-2

RIEMANN VERLAG

WWW.RIEMANN-VERLAG.DE

TYPISCH DEUTSCH?

Was macht die typisch deutschen Befindlichkeiten wirklich aus, und was genau ist hier anders als in anderen Ländern? Mit Einfühlungsvermögen und Humor beschreibt Agnieszka Kowaluk, wie sie ihr Deutschland, ihre Wahlheimat seit Jahrzehnten, erlebt – ein frischer und wahrhaft erhellender Blick auf die Eigenheiten und die Faszination dieses Landes.

ISBN 978-3-570-50166-5

WWW.RIEMANN-VERLAG.DE